1万人の部下をぐんぐん成長させたすごいノート術

部下ノート

人事政策研究所代表 望月禎彦
株式会社あしたのチーム 顧問 髙橋恭介

BUKA NOTE

アスコム

最初に質問があります。

Q1

あなたの部下はリモートワークをしながら、しっかり仕事に集中できていると思いますか？

Q2

Q1の答えを出した根拠は何ですか？

この質問、Q1よりもQ2が、実は大切です。

Q1の質問に対しては、

「しっかり仕事をしているはず」という答えも、

「もしかしたらさぼっているかもしれない」

という答えもあるでしょう。

部下によって、まちまちかもしれません。


ではQ2の質問にはどう答えましたか?

多くの方が、部下からの日報や打ち合わせをするなかで感じた「印象」で答えているのではないでしょうか。

実はこの印象がやっかいなんです。

なぜなら、印象は「一部分だけ」を見て、決めていることが多いからです。

これだと、部下の本当の姿を見誤る可能性が高いのです。

たとえばあなたが、新しいレストランに行ったとしてください。

お店の方がすごく感じがよいサービスをしてくれると、その人の印象は、しばらく「いい人」のままですよね。

実は、遅刻魔や家に帰るといつもムスっとしてる人だとしても、
そのときに見えた印象で「いい人」と決めてしまうわけです。
あなたは部下を、同じように印象のみで判断していませんか？
「こいつはサボり癖があるから厳しく」
「素直そうなこいつにはこう言えばいい」などと決めつけ、
同じ指導を繰り返していないでしょうか。
同じ指導でも、当然受け取り方は十人十色です。

印象に縛られ、その人のことを十分に知らないまま指導しても、うまくはいきません。

その結果、

- **仕事の生産性が上がらない**
- **離職する人が後を絶たない**
- **部下との人間関係がうまくいかない**
- **仕事のトラブルがよく起きる**

など、いろいろな問題が発生してきます。

そうならないためには、
印象にとらわれず、部下のことをよく知り、
適切な指導をする必要があるのです。
ではいったいどうしたらいいのでしょうか？

私が自信を持っておすすめする方法があります。

それが、「部下ノート」です。

1日1分で書ける部下ノート

部下の行動が変わったかどうかを1週間後を目安に○、△、×で書き込む。

どの部下の行動かわかるように、名前やイニシャルを書く。

部下の気になった行動を書く。

最初にノートに書き込んだ日付を書く。

部下に指導した内容を書く。

結果を踏まえ、今後の指導について思うことを書く。

日付	記入欄	行動	結果
7/28	山田太郎 接客の課題が出てこないので、尋ねてみたら慌てて出した		
	期限前日にできるところまでで出して、と提出時に言った	○	△
今後の指導	定期的に進捗を確認する		
7/28	小池優子 クライアントとの打合せの報告がなかった		
	報告はリスクマネジメントになると伝え、いないときはメールで報告するよう指導	×	×
今後の指導	その日中に箇条書きで良いので報告するように。		
7/29	中原和江 打合せ中、クライアントから「聞いてるの？」と言われた		
	自分に関係のない話でもうなずくように指導	○	○
今後の指導	印象の大切さを教えておきたい		
7/30	栗原悟志 企画書の誤字が多い		
	小声でいいので、一度声に出して読むように指導	△	△
今後の指導			
7/30	小林健二 クライアントへの資料提出が遅れて、先方を怒らせた		
	タイムスケジュールを切っていなかったので、切るように指導		
今後の指導	1日毎にチェック、振返りをさせる		

3週間後に部下の行動変化が結果につながったかどうかを○、△、×で書き込む。

「部下ノート」をこれまで30年提唱し続け、

1万人以上の部下を生まれ変わらせることができました。

なぜ、部下ノートは効果が出るのか？ そのポイントは5つです。

1 継続的に観察することで部下の見えなかった部分が見えてくる

2 部下1人ひとりの特徴が明確になる

3 指導方法の振り返りができ、効果的なものが見えてくる

4 コミュニケーションツールになる

5 とても簡単なので、続けられる

おかげさまで多くの方から、
感謝の言葉をいただいています。

「指導がうまくできない」
「世代の違う部下の気持ちがわからない」
「部下がなかなか成長しない」
「部下がすぐ辞める」
「部下の対応に追われ、自分の仕事ができない」

そんな部下への悩みをお持ちの方は、
「部下ノート」を使ってみてください。

部下ノートは、部下のマネジメント、
特に指導方法を改善するためのノートです。
1日1分、部下ノートをつければ、
部下のことがよくわかるようになります。
的確な指導ができるようになります。
そして、部下の成長が、驚くほど早くなるのです。
それは部下のためだけでなく、
あなたのためにもなります。

部下ノートであなたにも
こんなメリットが!

- 面倒を見るのにかかっていた時間を自分のために使える
- 何回言っても話が通じずに、イライラすることがなくなる
- 部下との人間関係がよくなる
- 育成面での上層部からのプレッシャーがなくなる
- 部下のミスが少なくなるので、余計な手間が減る

など

そして、部下が成長すると、こんな結果が出るのです。

自動車販売会社の店長Kさん
なかなか販売成績が上がらず悩んでいた部下の営業部員Lを、
「部下ノート」を使って指導。

Lさんの月平均の販売台数

4.5台

約3倍

「部下ノート」を使って指導

3カ月指導

12.7台に

店舗の売上も前年比152%

部品メーカーA社

製造ミスによる廃棄品が多く、無駄なコストがかかっていた。

そこで、部下の育成指導に「部下ノート」を導入。

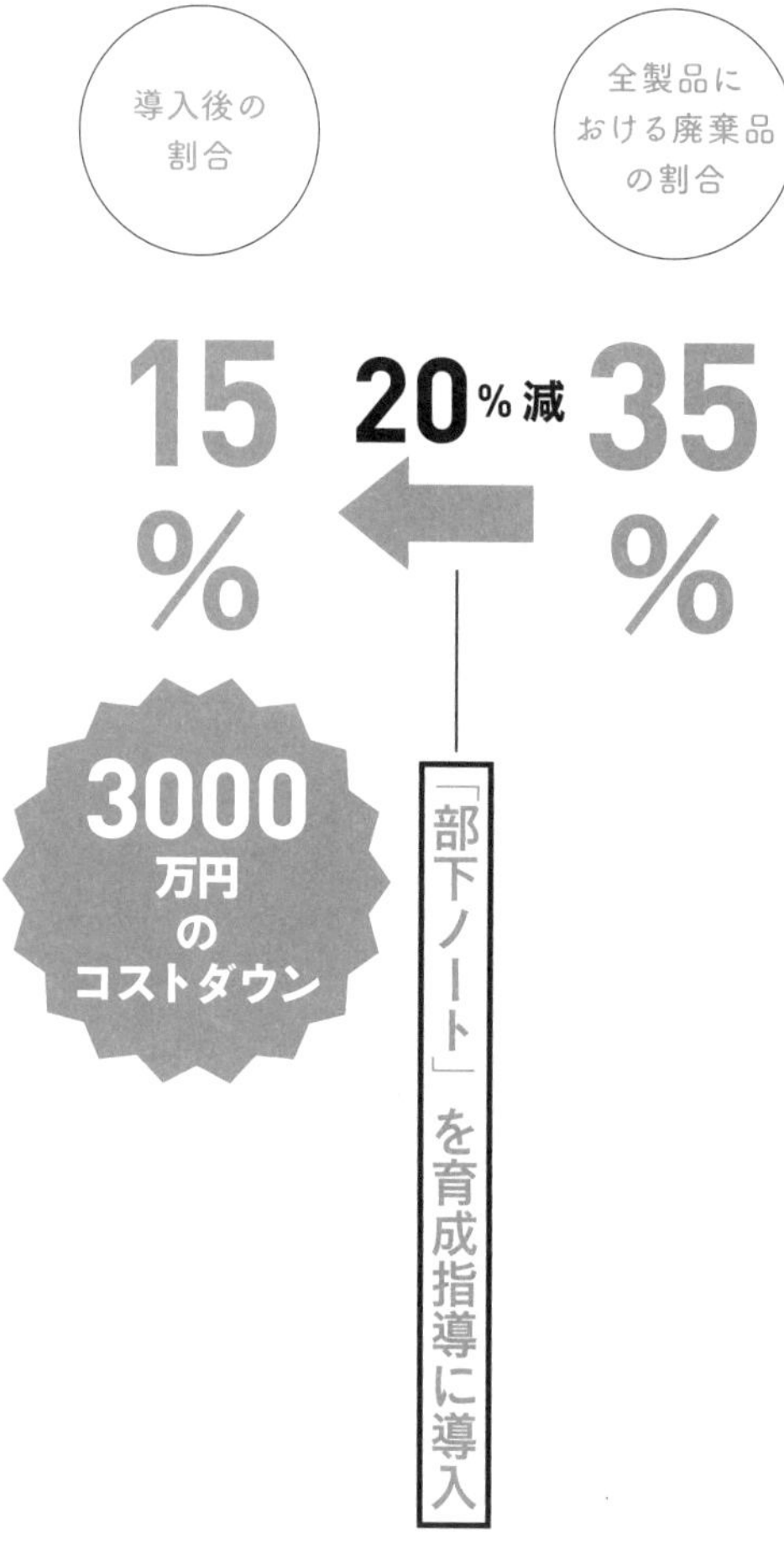

ＩＴ企業Ｆ社
社員の定着率が悪く、事業拡大ができなかった。
社員の意見を吸い上げるために「部下ノート」を活用。

部下ノート
導入前

社員が次々に辞め、業績も頭打ち

面談の内容を「部下ノート」に記録

2年後に

定着率が上がり、
仕事も増加売り上げUP！

社員数が2.5倍に！

どれだけ社会が変わろうとも、
人材こそが、会社の宝であるということは、
変わることはありません。
今いる社員たちを成長させる。
多少の時間はかかりますが、これこそが、
最もコストパフォーマンスがよく、
あなたの会社を、そしてあなた自身を
大きく成長させる重要な施策なのです。

はじめに

皆さんこんにちは、人事政策研究所代表の望月禎彦です。

私は、「できる社員」を増やすことを目的とした支援を、これまで約30年間、350社以上で行ってきました。

「いい部下がなかなか育たない」

「こちらがどれだけ丁寧に教えても、何度も同じ間違いをする」

「若い社員が何を考えているかわからない、自分の言葉が通じない」

どの時代も、私に支援を依頼された多くの方がこれらの悩みを抱え、どうしていいかわからず悲嘆に暮れていました。

特に、リモートワークが広まったせいか、次のような部下を持つという上司の悩みの相談が増えました。

・超、指示待ち

リモートワークで指示がうまく伝達できないことをいいことに、本当に言われたことしかやらなくなる。

・成長が急ブレーキ

どこまでわかったのか、反応がわかりずらかったり、なかなか教えにくくなったりして、成長が止まってしまった。

・距離を盾に反抗

近くにいないことをいいことに、指示に対して不満そうな態度をとったり、言うことを聞かなくなったりする。

・心に仮面

交流が少なくなり、雑談も少なくなったこともあり、何を考えているかわからず、素っ気ない態度をとる。

・リモハラを武器に攻撃

リモートワークで言われたことをやらないから、小まめに連絡するのに、それをパワハラだと言う。

いかがでしょうか。心当たりのある方もいらっしゃるのではないでしょうか。

「部下が指示待ち」「成長しない」「部下の考えていることがわからない」「反抗的な態度をとる」「ハラスメント」。もともとこのような悩みを持つ上司は多かったのですが、リモートワークでかなり悩みが深くなった印象です。

近くにいない部下を相手に、どう指示を出せばいいのか、どのように仕事を教えていけばいいのかは、部下を持つ人間にとっては頭を悩ます問題のようです。


こんなときだからこそ、部下にどのような指導をするのかは、とても重要です。

そして、このような悩みは、あなたの部下へのアプローチ方法を変えれば、なんとかなるケースが多いように感じています。

こう言うと、次のような言葉が返ってくることがあります。

「あんなやつ、何て言っても聞く耳持ちませんよ」

「何度言っても時間を無駄にするだけ」

その気持ち、痛いほどよくわかります。

部下ができる人間で、一度でできてくれたり、言ったことをきちんと守ってくれたり、こちらの言った意図をくみ取り、自分で考えて改善してくれたりするなら、このような悩みは起きなかったのですから。

でも、残念ながら「できる部下」というのは、ほんのひと握りしかいません。

ほとんどが「できない部下」なのです。

そして、どこの企業も、急に部下は育たないし、ダメな部下だからといってすぐに人を変えることも難しい。

基本的には、今いる「できない」と思っている部下を手間暇かけて育てていくしかないのです。

さらに言えば、他人はなかなか変わってくれません。

だからこそ、**早く部下を成長させるためには、あなたが「できる部下」に育てるようなアプローチ方法を身につけなくてはならないのです。**

しかし、意外とその能力を高めることをおろそかにして、間違ったアプローチをしている人が多いように感じます。

次のチェックリストをやってみてください。

あなたはマネジメント上手？
それとも下手？

☑ 部下の指導のときに使う、 必殺のキラーフレーズがある。
☑ 一度言ってわからなければ、 何度も同じことを言ってあげる。
☑ 大切なことは全員に共有すべきだから、 部下の指導に一斉メールを使う。
☑ 仕事を何でも任せて自分で考えさせる ことで、部下は成長する。
☑ リアリティのある言葉で話すのが一番、 自分の経験こそ部下に伝える。

もちろん、一概には言えませんが、1つでもチェックがついた方は、誤ったマネジメントをしている危険性があります。

チェックがついた方は、総じて部下1人ひとりのことを見ずに、響いていないのに、同じ指導を繰り返してしまう傾向があります。

たとえば、期限を守らない部下に対して「期限を守れ」と言う、でも結局別の案件で部下が期限を守らない。また、「期限を守れ」と言う。

それが繰り返され「あいつは使えない」といって育成をあきらめる。

そんなパターンに陥っていることが多々あるのです。

サッカーでたとえると、ヘディングが得意な選手にグラウンダーのパスを送り続けて、「何で決められないんだよ」と怒っているのと同じです。

その人の特徴にあったパスを出せばいいのに。

同じように、当然、人によって、響く言葉、響かない言葉は違います。

どういう言葉がいいかを考えて、1人ひとりにあった指導をすればいいのです。

そんなの面倒くさいと思った方がいらっしゃるかもしれません。

それは違います。

同じ間違いをする。部下が成長しなくて、自分ですべてやる。そのほうが圧倒的に時間と手間がかかります。

そんなところに時間と手間をかけるなら、ぜひ毎日1分部下ノートを使ってみてください。

部下ノートは、多くの悩める上司、部下とふれあうなかで試行錯誤を重ねて生み出したものです。

簡単に言えば、どういう指導をしたかを記録し、次にどういうアプローチをすれば成果を出せるかを考えるための貴重な資料になります。

上司というのは、意外に自分が部下に対して、どんなアプローチをしたのか覚えていないものです。

部下ノートをつけると、場当たり的に行っていた指導が記録され「見える化」されることで、精度の高い次の一手が打てるようになります。

部下ノートを使って、定期的に部下の行動と自分の指導方法をチェックし、「どういうアプローチをしたらいいのか」を見直すことができます。

これを繰り返していくことで、その人にとってベストなアプローチ方法が見つかり、驚くほど部下が成長していきます。

特にこれからリモートワークが進んでいくと、接触機会が減少するため、どうしても上司と部下の間に溝ができやすくなってきます。

部下とあまり会わなくなるからこそ、メールやWeb会議でどういうアプローチをしたかをチェックし、記録して、最善のアプローチ方法を探していくことは重要になってくるはずです。

1日1行で構いませんし、慣れるまでは、単なる悪口でも構いません。

部下のことをよく見る癖を、そして部下のことについて、毎日記録する習慣をつけましょう。

早ければ1週間で、部下に対する見方が変わり、アプローチ方法が変化します。

さらに3カ月間書き続ければ、明確に変化が成果となってあらわれるでしょう。

あなたも部下も、仕事が随分ラクになってきているはずです。

ぜひ一度試してみてください。

目次

第1章

「部下ノート」のすごい効果

第2章

さあ、「部下ノート」を始めよう

第3章

伝え方を変えれば、「部下ノート」の効果が倍増する

第4章

「部下ノート」はあなたを成長させる最強のツール

第5章

「部下ノート」をフル活用して、「変化の時代」を生き抜く

※リモートワークだと、なかなか部下がこちらの指示通りに動かない。あまり会わなくなったから、部下のことがよくわからない。そういう方々の声を多く聞くようになりました。そんな悩める上司たちに少しでもラクになってもらいたい。そのような思いから、今回、2018年10月に弊社が刊行した『簡単なのに驚きの効果「部下ノート」がすべてを解決する』を改題し、より多くの人に知ってもらうために、加筆修正したものが本書です。

第1章

「部下ノート」のすごい効果

部下にかける時間が短くなり、自由な時間が増える

できる部下がいないのは当たり前

できない部下が多くて困る。
部下の後始末に追われて、自分の時間が持てない。
どれだけ時間をかけても成長しない。
どうしてできないのかわからない。
どうせすぐに辞めるから、育てる意欲がわかない。
テレワークになって、部下の仕事の効率が、ガクンと落ちた。
返事はいいいんだけど、聞いていない。
外国人だからなあ……。

中小企業で研修を実施したり、講演したりすると、そういう声をよく耳にします。しかし、それが普通であることを、まず上司は理解してください。

優秀な人材にめぐりあう確率は、本当に低いです。

優秀な人材は、一度言ったことを理解し、実行に移せます。

自分自身で判断し、やり方を考え、実行できる人ということになるでしょう。

そんな部下なら、時間も取られないですし、上司があれこれ言わなくても、1人でどんどん成長してくれます。部内の業績も上がるのではないでしょうか。

しかし、そういう「優秀な人材」は、採用市場にそれほど多くいるわけではありません。全体の20％くらいと考えたほうがいいでしょう。

それを大企業含めてすべての会社で奪い合うわけですから、優秀な人材が自分の部下になることはそうそうないことなのです。自分のことを考えてみてください。その20％に入っていると自覚できる人がどれくらいいるでしょうか。

みんな最初は「できない部下」なのです。

ただ、やり方次第で、「できない部下」を「できる部下」にすることはできます。

それによって上司の仕事はラクになり自由に使える時間が増えます。ストレスは減り、社内での評価も上がり、会社の業績が上がることにもなるでしょう。

その方法が、本書で紹介する「部下ノート」です。

左のように、**日々、ノートに部下を見ていて気がついたこと、どういう指導をしたのかを、1行書き込むだけ。**

日々の業務にちょっとした習慣をプラスするだけです。

それが、最終的に、ノートを書き込むために費やした時間の何十倍もの時間を自分のために使えるようになるのです。

別に誰に見せるわけでもないのですから、殴り書き、走り書きで構いません。

気づいたときに、ささっと書いてください。

まずは、1カ月続けてもらえれば、その効果を実感でき、3カ月続けてもらえると、本当に部下が成長していく姿を目の当たりにできます。

本当に簡単!! 部下ノートの記入例

日付	記入欄	行動	結果
10/2	小野真二 電話のメモを残さない。		
	昨晩自分のメモのフォーマットを渡し、徹底。	△	×
今後の指導	外出先から帰ったら電話あったか聞く。		
10/8	石田はじめ 企画書で記入ミスがおおい。		
	すぐにダブルチェックをしてもらうように指導。	○	○
今後の指導			
10/11	矢部美幸 クレームの電話対応で戸惑っていた。		
	打ち合わせに出てしまい、その場では何も指導できなかった。		
今後の指導	マニュアルを渡し、無理なら他の人に相談するよう、指導予定。		
今後の指導			

ミスが減り、無駄なコストが削減される

「部下ノート」で指導の効率がアップする

「何度同じことを言ったらわかるんだ」

「何回同じミスをすればわかるんだ」


と心のなかで思ったり、実際部下に言ったりしたことはないでしょうか。

同じ言葉を繰り返し、何度も同じだけ時間が取られる。

本当に時間の無駄です。

でも、**同じ言い方をしているから、何回言っても同じ結果になっている**とも考えられます。

自分の仕事でしたら、やり方がうまくいかなかったら、別のやり方がないか考えますよね。

それと同じです。**一度言ったことがうまくいかなかったら、もっと伝わる言い方、教え方はないかと考えたほうが効果があります。**

それに、人の理解度は、それぞれ違うもの。

その人に合った指導を行うことで、効率は驚くほど上がります。

ただ、なんと言ったかは、忘れやすいもの。

そこで部下ノートです。

どう指導したのかを部下ノートに記録し、うまくいかなかったら、別のやり方を考えてみてください。

そうすれば、あなたの指導する時間がずいぶんと減り、その時間をほかの業務に当てたり、体を休めたりすることに使えるはずです。

部下それぞれにあった指導方法で作業効率がアップ

栃木県の那須塩原にある、社員数60人くらいの部品メーカーA社で実際にあった例です。

近隣に世界最大手のタイヤメーカー、ドイツを本拠とする電動工具や自動車部品の大手メーカーなどの主力工場が多く、なかなか優秀な人材の採用に苦戦していました。

A社の最大の悩みだったのは、若手の成長が遅いことでした。

彼らの仕事は、機械を使って塩化ビニールを熱して伸ばし、シュリンクフィルムをつくることです。シュリンクフィルムとは、ペットボトルなどの透明容器に巻き付けられている薄いラベルです。商品によって薄さも長さも違うため、少量での生産活動になります。

若手が成長しないことで影響を受けていたのが、彼らの面倒を見る上司でした。何度説明しても理解してくれない、やらせたら失敗する。

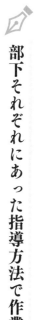

業者から薄さや長さを細かく指定されている製品だけに、少しでも規格に合わなければアウト。

上司は作業を教えるだけでも時間を取られ、納期ギリギリになれば仕事を手伝い、納期に間に合わなければ取引先に頭を下げに行くこともありました。**上司は、部下のために取られる時間が多すぎて自分の仕事に時間を使えず、それが会社にとっては大きなマイナスになっていました。**

「どうして彼らは仕事を覚えてくれないのか」と上司に聞いたところ、「最近の若い人は仕事を覚えることに積極性が足りない」「自分から聞いてくる人がいない」と言うのです。ほかの会社でもよく出てくる内容です。

できない部下に理由を聞いてみると、次のようなことが出てきました。

「先輩によって教える手順が違うから、どれが正しいのかわからない」

「いつまでに何を覚えたらいいのか、よくわからない」

「私のわからないところがどこなのか、上司はわかっていない」

上司からすると「わからないなら聞いてこい」、部下からすると「教えてほしいことを教えてくれないからわからない」。これでは、いつまでたっても部下の技術力が上がるわけがありません。

そこで、導入したのが部下ノート。上司は、部下がどの工程で間違っているのか、どういう手順で作業を進めているのか、1人ひとりの作業を書き留めていくことから始めました。

部下の作業ぶりをよく見るようになると、失敗品が生まれる原因は部下それぞれだとわかってきました。

教えた手順をすぐに忘れてしまう者。

機械の操作ミスが多い者。

問題点を発見しても、上司への「報、連、相」を怠る者。

これでは、全員を集めて指導したところで、改善できる人とできない人が出てきます。部下ノートをつけるようになってから、A社では部下をまとめて指導するより、個別に指導するシーンが増えました。

個別に指導すると、手間が増えるイメージがありますが、実際には、かえって部下へ指導する時間が減ったそうです。

わからないところや悩んでいることがわかるだけに、上司は効率よく指導ができるようになったためです。その分、**上司は、これまでできなかったほかの仕事に着手できるようになったといいます。**

部下ノートをつけることで、それぞれの部下にあった指導をできるようになったことが、よかったのではないかと振り返っていました。

社員のミスが驚くほど減り3000万円のコストダウン

さらに、実際にミスが減ってどうなったのか。

A社では目に見える成果が出たそうです。

A社で部下ノートを活用するようになって2年がたちますが、ミスで廃棄する部品がそれまで全体の35％あったのですが、それが15％まで減ったそうです。

金額にすると、年間3000万円のコストダウン。

また、上司が指導でイライラすることもなくなり、部下も不安が解消。

職場の雰囲気もよくなり定着率も大きく向上したそうです。

部下が育ち、業績が大幅にアップする

「部下ノート」で部下の弱点を克服する

「あいつがもう少し頑張ってくれたら」
「彼女のプラス分が、彼のマイナス分で帳消しか」

幹部社員（上司）の評価は、基本的に担当する部署の成績で評価されます。できない部下ばかりだと、上司1人が頑張っても、上司の社内評価はダウン。できる部下が1人いても、まわりのできない部下が足を引っ張れば、やはり上司の評価は下がります。

上司がやらなければいけないことは、部署全体の底上げ。「できない部下」を「できる部下」に近づけることなのです。

そのために必要なことは、できない部下の長所と弱点を把握することです。ただ「できない」でなく、何ができないのか、どうできないのか、どこに苦労しているのか、どこが間違っているのか。部下１人ひとりの弱点がわかれば、それぞれに弱点を克服するためのアドバイスができます。

部下の行動をノートに記録していくと、それぞれの特徴がわかってきます。それぞれの弱点が見えてきます。数字ではわからない部下１人ひとりの弱点に気づけるのが部下ノート。だから、最短距離で部下が弱点を克服できるのです。

できない部下の底上げができると、自然に部署全体の成績は上がります。すなわち、上司自身の評価も上がるということです。

最初の１カ月は、部下の弱点把握を重視

神奈川県内に８店舗を展開する、社員数１１０人のクルマ販売会社Ｂ社のある店舗

のK店長も、なかなか売上が伸びない部下に頭を抱えていました。しかも、トップ営業社員が他店舗へ異動することになり、現メンバーの底上げはK店長に与えられた使命でもありました。

そこでK店長が始めたのが、部下ノート。

7人いる営業社員の強みと弱みを改めて見直すことで、営業力を底上げできないかと考えたのです。営業社員にも、それぞれに特徴や性格があり、売り方も人それぞれ。もちろん、そのやり方で売れることもありますが、お客さまによっては不適切な対応になるときもあります。

それに気づかないまま営業すれば、当然、結果に偏りが出てきます。まったく売れない時期も出てくるでしょう。そこで結果にネガティブになれば、売れるものも売れなくなってしまいます。

K店長は、部下ノートを書き始めて最初の1カ月、まず、部下の行動や部下とのやりとりを、ただ書き留めるだけにしました。内容はこんな感じです。

○○さんは、月末の書類整理に追われている私を見て、「やれることがあれば声をかけてください」と気にかけてくれた。
○○さんは、商談のたびに、細かく報告をくれる。私が日々言っていることを実践しているだけだが、この素直さを先輩たちも見習ってほしい。
○○さんに、地域の奉仕活動の一環として駅前の清掃活動に参加してくれないかと相談したら、嫌な顔をすることなく引き受けてくれた。
○○さんは、半日がかりの仕事を終えて店舗に戻ったら、疲れも見せずに早々にお客さま対応。
　これまではすぐに表情に出ていたが、大人になった証拠か。

　K店長は、自分が抱いている部下へのイメージと実際を客観的に見ることで、部下の弱点を把握し、指導のポイントを整理することから始めたのです。

鳴かず飛ばずの部下がエリアNO．1に

2カ月目以降からは、**部下ノートに記録した情報をもとに、忘れがちな部分をこちらから逐次確認するなど、営業社員に個別にアドバイスを送るようになりました。**

結果はというと、それまで可もなく不可もなくだった若手営業マンLさんが、突然覚醒《かくせい》したのです。

近隣販売会社との3カ月間の販売コンテストで、断トツの1位を記録。

Lさんの直近1年間の販売実績は月間平均4・5台でしたが、3カ月合計で、なんと38台も売ったのです。

これにはK店長も驚きでした。できない部下が、突然、「できる部下」になったのです。Lさんの活躍もあって、店の実績も大きくアップ。

クルマが売れないといわれる時代に、前年比152％を達成しました。

もちろん、K店長の評価が社内で高くなったのは当然です。

部下ノートによる同じような効果は、群馬、栃木、茨城県に展開するタイヤ販売業のC社でもありました。

宇都宮店の店長のMさんが部下ノートをつけるようになったところ、**3カ月でスタッフ個々のクロージング（お客さまの商品購入）率が急上昇し、平均15％改善しました。**

店長になったばかりのMさんの悩みは、成績が悪いスタッフに、どう接すればいいのかわからないことでした。そこで部下ノートで1カ月間、その行動を記録するようになったところ、まずスタッフの動きや表情をよく見るようになりました。

2カ月目になると、ノートに書き留める回数も増え、動きや表情だけでなく、スタッフの体調まで見られるようになったのです。そして、ノートをネタに個々に話す時間をつくるようになり、スタッフの性格も把握できるようになりました。

そうなると、あとは具体的な仕事のアドバイスをするだけ。

スタッフ個々の性格を理解したうえでのアドバイスが功を奏したのでしょう。前述したような結果につながったといいます。

社内の雰囲気がよくなり、部下が辞めなくなる

「部下ノート」で定着率が上がる

「半年で辞めるなんて信じられない」
「せっかく育てたのに自分の時間が無駄になった」

そんな嘆きの言葉を上司から聞くこともあります。

できない部下をそのままにしていると、上司が疲れる、業績が上がらないだけでなく、最悪の場合は部下が会社を辞めていくことになります。人材不足といわれる時代、せっかくお金をかけて採用した人材を失うのは、会社にとって大きな痛手。

上司は、できない部下がいなくなって、一瞬ホッとするかもしれませんが、いなくなった後に最も困るのも上司。いなくなった分だけ仕事は増えるし、新たに人を採用すれば、また育成に時間を取られます。

上司にとっても、会社にとっても、一番いいのは、今いる部下を「できる部下」にすることなのです。

そこで使えるのが部下ノート。

部下ノートに記録される部下の行動には、辞める理由が見え隠れしています。上司への不満なのか、会社の待遇に対する不満なのか、職場の人間関係が悪いのか、与えられる仕事に満足していないのか。

部下の心の状態がわかるようになれば、上司が先手を打つことができます。辞める理由がなくなれば、仕事に対するネガティブな感情もなくなり、向上心も芽生えてくるものです。

上司には部下のリアルな本音がわからない

部下ノートを活用することで定着率を大幅にアップさせたのが、関西圏で50の介護施設を展開するE社です。

E社は、ここ3年間で新たに20の施設をオープンさせたこともあって、慢性的な人材不足に悩んでいました。

さらに追い打ちをかけるのが、介護業界の課題の1つでもある離職率の高さ。E社も同業他社と同じように、定着率の悪さに悩んでいました。

どうして定着率が悪いのでしょうか？

E社では従業員満足度調査を実施していますが、部下ノートを導入する前は、「ここで働くのが楽しい」「同僚たちと一緒に働くのが楽しい」など、そこで働くことが楽しいと思っている項目の満足度が、軒並み50％以下でした。

環境が悪ければ、仕事ができるできないの問題ではありません。

それと同時に、マネージャー以下の意見を集めたところ、以下のような上司に対する残念な意見が寄せられました。

・話しやすい相手とだけ話をされていて、疎外感がある
・情報が伝達されていないことが多く、後になって知ることが非常に多い
・個人の思いをもう少しくみ取ってほしい
・現場の動きを理解していないのでは？
・表で言っていることと本音が違う

上司は、こうした部下の本音をまったく知りませんでした。まさに、笛吹けど踊らず。スタッフは、やらされ感でいっぱいだったのです。

定着率大幅アップ。従業員満足度指数も大幅改善

E社では、施設長を対象に部下ノートの導入を決めました。

目的は、まず現場の状況を知ること。そして、そこで働く部下たちの様子を知ることでした。現場の動きを注意深く見るようになると、どういうところが問題なのか、何に不満を持っているのかがわかるようになります。

また、称賛したくなるようなスタッフの対応も目につくようになります。

施設長のOさんは、部下ノートをつけることで、自分の存在の大きさにも気づかされました。**自分の態度や、表情、言葉、行動などがスタッフに大きく影響を与えていたのです。**

そこでOさんは、部下ノートをつけるようになってから、意識して笑顔をつくるようになりました。自分が仕事を楽しまなければ、スタッフも仕事を楽しむことができないからです。

もとより介護の仕事は、自分が楽しく満たされていないと、お客さまへのサービスも低下します。介護施設にとって、楽しく働ける環境はなくてはならないものなのです。E社の施設長たちは、部下ノートをつけることで、改めてそのことに気づかされたといいます。

施設長が部下ノートをつけるようになってからのE社では、施設長とスタッフとのコミュニケーションが以前より増えたといいます。

部下ノートをつけて、観察していれば、部下との話のネタはいくらでも見つかります。誰にでも、苦手なタイプの部下はいるものです。今までは、そうした人を無意識のうちに避けており、それがチームワーク低下の一因になっていました。

しかし、部下ノートを通じて、その部下の改善点だけでなく長所も目につくようになり、コミュニケーションを図ることに積極的になれました。徐々に、職場の雰囲気も改善していったのです。

さらに、スタッフそれぞれの状況がわかるため、タイミングよく仕事をお願いするようになり、やらされ感もなくなったそうです。面談もこれまでは施設長からの一方通行だったものが、双方向のコミュニケーションになったといいます。

そしてなによりE社にとって大きかったのは、部下ノートを導入することで、定着率が大幅にアップしたことでした。同時に、従業員満足度指数も大きく改善。部下ノートには、職場環境を変える効果もあるのです。

部下から信頼されるようになり、チームが1つに！

「部下ノート」は、部下との心理的距離を縮める

「あいつが何を考えているのかさっぱりわからない」
「返事はいいんだけど、聞いているのか、聞いていないんだか」

なかなか自分の言うことを聞いてくれない、言った通りにやってくれない。
部下の能力の問題もありますが、それ以前に上司と部下との信頼関係に問題があることも往々にしてあります。

上司に信頼感があれば、部下は上司の指示に従って動こうとします。上司の期待に応えようと頑張ります。

上司の指示や言葉でやる気のスイッチが入り、モチベーションも上がるのです。

逆に、上司に信頼感がなければ、行動はネガティブになりがち。集中力のない状態で仕事をすれば、ミスが多くなります。結果、上司からすると、「できない部下」。しかし、その原因をつくっているのは上司でもあるのです。

こうした**上司と部下の信頼関係の構築にも使える**のが、部下ノート。

部下ノートをつけるようになると、部下へのアドバイスや指導する機会が増えるために、必然的に部下とのコミュニケーションが多くなります。

また、部下を観察していると、部下をほめる機会も増えることになります。

部下の上司への信頼感が高まるのは、承認欲求を満たされたとき。つまり、部下ノートを続ければ続けるほど、上司と部下の距離はどんどん近くなっていくのです。

部下が何を考えているのかわからない

システム開発の請負業務を主な事業とする、社員数100名のF社では、上司は本社、部下は取引先の企業に常駐ということがよくあります。

いつも一緒にいるわけではなく、会って話をするのは月に一、二度。

これでは人間関係が希薄になりがち。部下からの連絡や報告もおろそかになります。常駐している企業先でトラブルが発生したときはすでに大事で、収拾がつかなくなることもありました。

状況を把握していないことも多く、常駐先から連絡が入って、精神的にまいっていると聞くこともありました。

そこで、上司と部下との距離を縮めるために導入したのが、部下ノート。

月に一、二度とはいえ、会って話したことをノートにまとめるようになると、上司は部下の仕事の状況や心の動きがわかるようになりました。

どういう業務を担当しているのかはもちろん把握していましたが、どういう体制で仕事をしているのか、まわりにどういう人たちがいるのか、または楽しく仕事ができているのか、忙しくて少し疲れ気味なのかなど、それまで気に留めることもなかったことが見えるようになったのです。

部下の状況がわかるようになると、会ったときの会話も、表面的な話だけでなくより深い話ができるようになります。

「この前会ったときは疲労感が顔に出ていたけど、最近はどう？」
「一緒に仕事している○○さんは、相変わらずぶっきらぼうなの？」
「この間、話していたおいしいランチの店に行ってみたよ……」

いつも近くにいない上司が、自分のことについて関心を持っていてくれるのは、部下にとってはうれしいものです。

上司と部下の関係が密になり、売上倍増

F社のリーダーたちが部下ノートをつけることで大きく変わったのは、部下に関心を持つようになったことでした。IT系の会社にいるマネジメント層の特徴の1つは、人への関心が薄いこと。それが、マネジメント力が弱い原因でもあります。

それだけにノートをつける習慣が身につくまでに時間がかかりましたが、人への関心が深まるようになってからは積極的に活用するようになっています。

なかには、部下から相談されたことを喜んでいる人もいました。

F社では、部下ノートを導入した当時のリーダーは誰1人辞めることなく、今でも企業先に常駐する部下をマネジメントしているといいます。

会社としても、社員数は2年間で2・5倍、売上も倍以上に成長しています。

部下ノートで上司と部下の関係が密になるだけで、業績も上向きになるという事例です。

「できない部下」に感じていたストレスから解放される

「部下ノート」で上司のイライラはなくなる

「昨日も定時に帰れなかったって、今は仕事のピークなんだから」
「あいつ、電話の声が小さいんだよな」

できない部下と仕事をしていると、部下の些細《ささい》な言動についイライラしてしまいます。忙しくなってくると、さらにその反応は敏感になるものです。
客観的に見るとたいしたことはないのはわかっているのですが、根っこに「何度言ってもわからないやつ」とか「おまえのために自分の時間が取られている」という思いがあるだけに、つい反応してしまいます。

そんな**イライラも、部下ノートをつけるようになると軽減できます。**

というのは、部下の行動を記録していくと、部下の行動パターンがわかってくるからです。残業があると愚痴るのは口癖、電話の声が小さいのはいつものこととわかるようになれば、わざわざ反応することもなくなります。

それどころか、「またいつものやつか」と、ちょっと笑えたりすることもあります。

部下ノートを続けると、イライラする現象は確実に少なくなります。

忙しくても、部下の言動が気にならない

広告代理店G社に勤務するQさんも、部下の言動に敏感に反応していた1人でした。G社は通販専門の広告代理店で、天然素材を使った健康食品を扱っていて、年商100億円。

ディレクターであるQさんの部下は、広告制作を担当する20～30代のクリエイターたち。型にはめられるのが嫌いな個性的な人たちですから、マネジメントもたいへんです。

特に忙しさがピークになると、1カ月間はメンバーの感情の起伏が激しくなります。そうなると、Qさんのイライラもピークを迎えます。

ここで、業務改善のためにつけ始めていた部下ノートが有用であることに気づきました。**部下ノートに、メンバーの行動を書き留めていたところ、メンバーがどういう原因で感情が揺れるのか、それぞれに特徴がわかってきたのです。**そのとき、どういうことを言いだしたり、どういう行動をするかも個々にわかるようになりました。

メンバーの動きを事前に予測できると、どんなに激しく怒っていても、不満をもらしても、いちいち反応することはなくなります。それに、感情を読み取ることができるようになると、どんなに忙しくても適したタイミングで声をかけることができます。

Qさんは、部下ノートをつけることで、メンバーの言動にイライラすることは少なくなったといいます。それだけでなく、メンバーから本音で改善点や不満点を引き出すこともできるようになったといいます。

リモートワークでも、部下の仕事の効率が変わらない

リモートワークが進み、効率的な仕事への転換が急務に！

コロナウイルスをきっかけに、「リモートワーク」を導入する企業が増えました。

皆さんの会社は、リモートワークを導入していかがでしょうか？

2020年11月に、東京商工会議所が発表した「テレワークの実施状況に関するアンケート」調査結果によると、リモートワークを「一時期実施していたが、現在は取りやめた」という企業が22・1％あり、その理由の約半分が、「生産性が下がった」というものでした。

一方で、リモートワーク下でも「それまでと変わらない」「むしろ生産性が上がった」という企業も多くあります。

その企業の違いはどこから生まれてくるのでしょうか？

私は、**普段から「効率」というものを念頭に入れて、仕事をしている企業かどうかが、大きく影響している**と考えます。

これまでは、集中というよりもリラックスすることに重きを置いてきた自宅で、突然集中して仕事をするのは、会社よりも難しいものです。

普段から効率的に集中してやってきていなければなおさら集中しにくいと考えられます。

昨今、働き方改革のなかで、いかに効率的に仕事をするか、いかに集中して仕事をするかは企業の課題となっていますが、リモートワークが急激に広がる今、よりいっそう喫緊《きっきん》の課題として重要性は増しているように感じられます。

そこで役立つのが「部下ノート」です。

「仕事の効率を上げろ」「集中して仕事をしろ」とただ言っただけでは、決してできるようにはなりません。

どう指導したら部下の仕事の効率が上がったか、部下が集中して仕事ができたかを書き込み、精査していくことで、徐々に部下の仕事は効率が上がるようになり、集中力は増していくのです。

部下ノートで、約120時間の残業超過時間が1時間半に

ある商品の開発を請け負っているH社。

クリエイティブ要素が強い部署の話です。

よい商品のアイデアを出すためにはそれなりの時間がかかるのですが、開発以外の業務に時間をとられ、就業時間中に開発になかなか集中できず、結局は、部下の残業が増えていったそうです。

4人のチームで合計、約120時間の残業超過時間が出ていました。

「なるべく残業をしないように」と何度念を押しても意味がなく、「そんなこと言われたって、残業しないと終わらないじゃないか」と反感ばかりが募り、部署の誰もが度重なる残業で疲弊しており、ミスも目立つようになっていました。

このままではまずいと私に話がきて部下ノートをすすめたのです。

これまで、「あれをしろ」「これをしろ」「なんでこれをやってないんだ」を繰り返すだけであった指導が、部下ノートによって、部下１人ひとりにあった、具体的なものへと変わったことで、驚くほど、仕事が早く終わるようになったのです。

また、部下ノートで気づいたことをもとに部下とミーティングすることで、これまで見えてこなかった業務の無駄が見えてきたとともに、効率的に集中して仕事に取り組むことを最優先にするという意識が部内に芽生えたといいます。

１年間繰り返した結果、残業超過時間は、１時間半にまで劇的に削減。それまでの時間重視の働き方から、効率重視への仕事へとシフトチェンジできたのです。

集中して効率よく働くことが染みついているので、今のリモートワーク下でも生産性はまったく変わっていないそうです。

リモートワークで部署の生産性が落ちたという方、まだ間に合います。

部下の状況を書く、そして、メール、電話、テレビ会議などで、自分がどういった指導をしたのか、その結果どうだったのかを検証する、部下ノート習慣をぜひ、始めてみてください。

外国人のマネジメントがうまくできるようになる

「部下ノート」は万国共通

「何回言っても聞こうとしないからな」
「私の言っていることがちゃんと伝わっているのかな」

皆さんのなかには、外国人の部下を持って、頭を抱えている人もいるのではないでしょうか。

できない部下が増えている理由の1つには、部下の多様化があります。
今では数十年前のように部下の属性は単一とは限りません。
正社員もいれば、派遣社員もいます。自分より年配の部下もいます。

女性の比率も増えてきました。

さらに、部下が日本人とは限りません。業種によっては、ほとんどの部下が外国人ということもあります。

外国人は言葉も、文化も、習慣も、さらには宗教も価値観も違います。

日本人の部下でさえ育てられないのに、外国人なんてとてもとても……。そう思っている人が多いと思いますが、外国人のマネジメントにも使えるのが部下ノートです。

なぜなら、自分のことを知ってほしいとか、仕事を覚えたいというのは、日本人と何も変わらないからです。

「言ってもわからない」とか、「どうせうまく伝わらない」といって敬遠しているのは上司のほうなのです。

部下ノートで部下の行動を記録すると、日本人と同じようにわからないことや、ミスを繰り返すところ、間違った行動などが、それぞれにわかるようになります。「できる部下」に変えたいなら、あとは、アドバイスや指導をするだけ。

もちろん、日本人以上にかみ砕いた説明が必要になることもありますが、少し手間がかかる程度。それより、コミュニケーションが多くなることで、お互いの信頼関係がグッと深くなります。

その原理は、日本人も外国人も同じなのです。

日本人駐在員比率の最小限化を実現

本社が東京都中央区にある衣料商社I社は、2000年に上海に現地法人を設立しました。上海での従業員数は100人。そのうち中国人スタッフは85人。15人は日本人スタッフです。

I社の目標は、現地化。そのためには、中国人の管理職を育てる必要があります。そこで導入したのが部下ノートでした。**たとえ外国人でも、行動や言動などをノートにつけ、きめ細かく対応していけば、日本人と同じように育成することができる**と考えたからです。

結論からいうと、部下ノートは大成功。「中国人は部下を指導しない」といわれることもありますが、それは先入観。部下ノートを使って把握した個々の特徴にあったアドバイスをしていけば、マネジメントスキルが向上します。

実際、I社では、特に中国人主任クラスのマネジメントスキルが格段に向上しました。

I社では3年間で日本人駐在員比率を下げることを目標としていましたが、ほぼ実現できるところまできました。現在、日本人は社長1人と駐在員1人の2人だけ。残りはすべて中国人です。設立当初は、管理職10人が駐在していましたが、そのほとんどを中国人に任せられるようになったということです。

その間、定着率は20％向上し、売上利益も2倍になりました。

部下ノートは万国共通。できない部下が外国人でも、しっかり指導すれば、「できる部下」に変えられるということです。

会社からの評価が上がり、給料もアップする

「部下ノート」で自分の人生をラクにする

ここまで部下ノートのすごい効果を、事例を交えながら紹介してきました。

上司としてはノートをつけたり、そこで気づいたことを利用して指導したりすると考えると、今以上に仕事が増えると思う方もいるかもしれませんが、そこで時間を使うことで、自分の仕事がどんどんラクになります。

しかも、できない部下にイライラすることも少なくなります。さらに言えば、自分の社内評価もぐんと上がります。会社の業績も上がりますから、自分の報酬にも好影響をもたらすことになるかもしれません。

第2章

さあ、「部下ノート」を始めよう

あなたと部下の人生を変える「部下ノート」の書き方

「部下ノート」でＰＤＣＡサイクルは簡単に回せる

では、いよいよ、部下ノートの書き方を説明していきます。

皆さんは、事業活動、生産活動を促進するためのＰＤＣＡサイクルという言葉を聞いたことがあるでしょうか？

簡単に説明すると、Ｐ（Ｐｌａｎ）・計画を立てて→Ｄ（Ｄｏ）・実行する→Ｃ（Ｃｈｅｃｋ）・確認する→Ａ（Ａｃｔｉｏｎ）・改善する。この流れで管理をするという手法で、今では多くのビジネスパーソンが実施しています。

部下ノートは、まさに次の図のように、**ＰＤＣＡの流れに沿って部下を育成するためのツール**なのです。

部下ノートでPDCAを回せ！

部下を育てるのもPDCA。どうやったら部下が育つのか考え(P)、実践し(D)、その結果をチェックし(C)、結果が出なければさらに改善策を考える(A)。そのプロセスを「部下ノート」に書き留めていくことで、部下を育てるスキルがどんどん磨かれていきます。

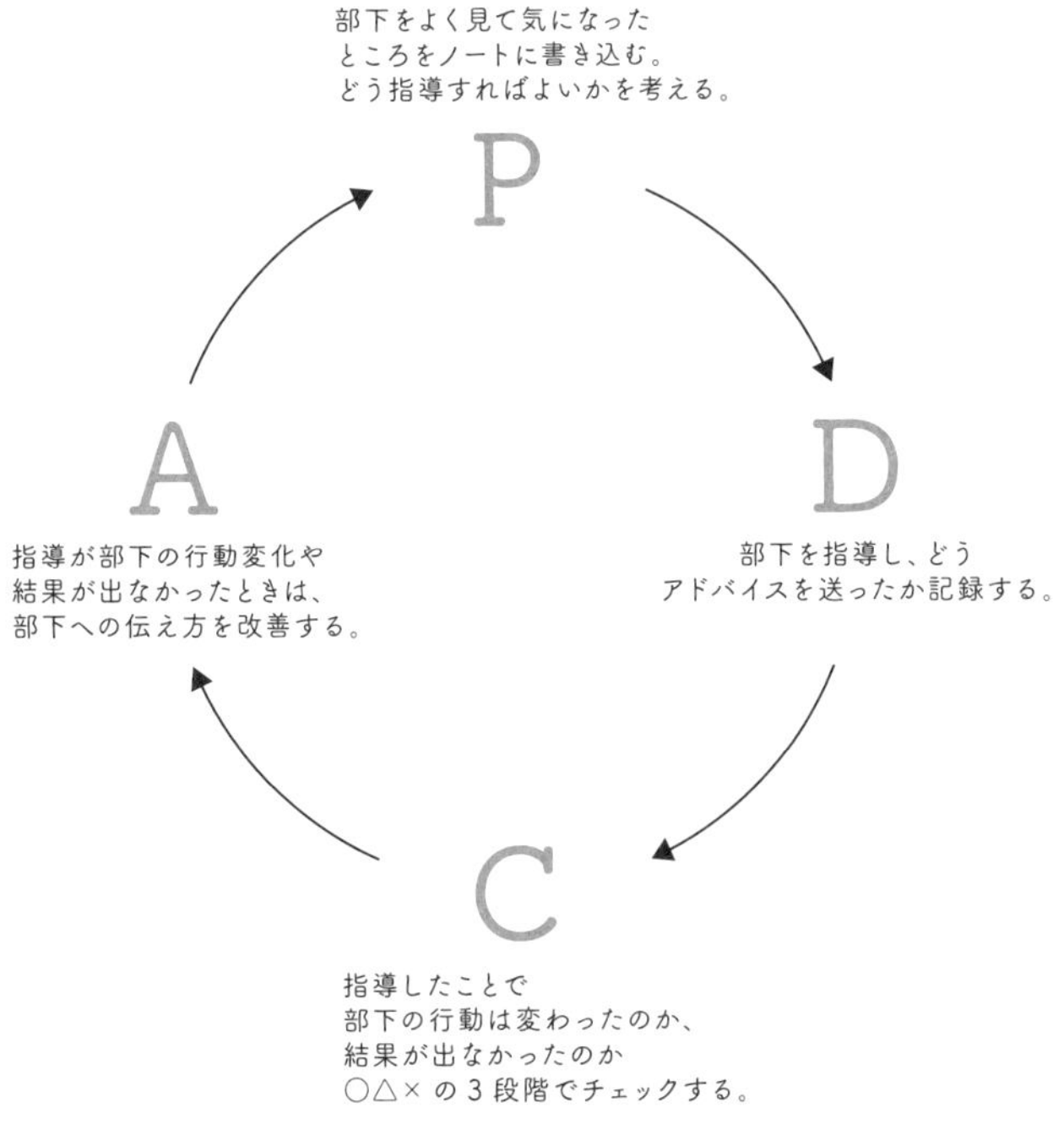
部下をよく見て気になった
ところをノートに書き込む。
どう指導すればよいかを考える。
P
D
部下を指導し、どう
アドバイスを送ったか記録する。
C
指導したことで
部下の行動は変わったのか、
結果が出なかったのか
○△×の3段階でチェックする。
A
指導が部下の行動変化や
結果が出なかったときは、
部下への伝え方を改善する。

部下ノートは日々の仕事のなかでの部下の気になった行動や言動をメモするのはもちろんですが、上司であるあなた自身が部下に対してとった行動や指導なども書き留めていくノートです。

そして、ノートの効果を確認するために、あなたの指導やアドバイスによって部下の行動がどう変わったのか、そしてどう結果に結びついたのかをチェックしていくためのツールでもあります。

PDCAサイクルでいうところのどういうことを部下に言ったのか、それがどうなったのか、というCとAの部分は、特に意識を向けずに、**ただ、計画を立てて実行する、すなわちPとDを繰り返している人も少なくないのではないでしょうか。それでは、部下は育ちません。**

うまく、PDCAが回っていない状態です。

大切なことは、仕事上で部下に起きている事実を正確にとらえること。事実を細かく掴《つか》んでいくには、たまにやる面談だけではなく、瞬間の積み重ねが重要です。

そこで得られる情報から、部下の性格や特徴、仕事のやり方、仕事に対する考え方、上司に対する思いや上司の言葉の受け止め方、さらに仕事そのものの進め方の課題や問題点なども見えてきます。

「書き続けるのは、面倒くさい、そんなノートをつけるよりも、自分でやったほうが早い」

そんなふうに考えている人もいるでしょう。しかし、部下ノートは、部下が育つことで上司の負担を減らすツールでもあります。

あなたがどれだけ有能であったとしても、１人でできる量と質には限界があります。あなたが、会社から求められる仕事の量と質を保つには、部下の育成が欠かせません。

会社としては、部下を持っている責任者は、部下に任せられるところは任せて、事業計画や業務改善など、上司にしかできない責務を果たしてほしいと願っているはずです。

もし、あなたがプレイングマネージャーであるなら、**部下に仕事の一部を委譲することで、自分の仕事がはかどる**というプラスもあるでしょう。

経営の神様といわれている松下幸之助も、「責任者がやるべきこととして、仕事を任すことが大切だ」と述べ、「ただ任せるのではなく、随時報告を聞き、適切なときに、的確な指導、助言を与えなければならない」と言っていたそうです。

部下ノートこそ、部下に仕事を任せ、適切な指導、助言を行うために役立つはずです。

具体的な部下ノートの流れは次のようなものになります。

ＳＴＥＰ１　気になった部下の行動を書く。
ＳＴＥＰ２　部下に指導したことを書く。
ＳＴＥＰ３　部下の行動が変わったか、結果が出たか○△×でチェックする。
目安は部下の行動は１週間後、結果が出たかどうかは３週間後。
ＳＴＥＰ４　今後の指導を考える。

実際にどのようなものになるか、次のページに例を挙げていますので、参考にしてみてください。

STEP1　気になった部下の行動を書く

10/20	山本太郎 何度も同じことを聞いてくる。時間の無駄だ。		
今後の指導			

STEP2　部下に指導したことを書く

10/20	山本太郎 何度も同じことを聞いてくる。時間の無駄だ。		
	人の話を聞くときは メモをとりながら聞くようにとアドバイスする。		
今後の指導			

STEP3
部下の行動が変わったか、成果につながったか ○△× でチェックする

※部下の行動は1週間後を目安に左の欄に、結果が出たかどうかは3週間後を目安に、右の欄にチェックする。

10/20	山本太郎 何度も同じことを聞いてくる。時間の無駄だ。		
	人の話を聞くときは メモをとりながら聞くようにとアドバイスする。	○	△
今後の指導			

STEP4　今後の指導を考える

STEP3 のチェックで、△のときは経過観察、× のときは、違う伝え方や方法を考えて、再度部下に指導する。

10/20	山本太郎 何度も同じことを聞いてくる。時間の無駄だ。		
	人の話を聞くときは メモをとりながら聞くようにとアドバイスする。	○	△
今後の指導	そろそろ大事な資料作成を任せてもいい頃だ。		

時間をかけずになんでも

1行書くことが、成功への第一歩

まずは部下の悪口でもＯＫ！

ノートの上の欄、部下の行動を書くスペースには、部下がしたことを書きます。部下が複数いる場合は、誰のことかわかるように、名前やイニシャルなどを明記してから書くようにしましょう。

仕事中のことなら、書く内容はなんでも構いません。たとえば、部下が新入社員なら、環境に慣れていないことや仕事のやり方を覚えていないことで失敗することも多いと思います。

どんな失敗をしたのか、忘れ物があったのか、手際が悪かったのか。

あるいは、指示した内容をまったく理解していなかったのか。何度も同じことを聞き返してきたのか。

書くことはいくらでもあるはずです。

思いつかなければ、悪口でも構いません。

書いていると、意外とすっきりとしてきてストレスが発散されるもの。

これも、部下ノートの副次的な効果なのかもしれません。

ただ、「あいつむかつく」「あいつ言うことを聞かない」など、単なる悪口の羅列では、単なるストレス発散になってしまうので、○○だから、むかつく。○○と言っても○○しない。本当にあいつは言うことを聞かないなど、具体的な悪口にしましょう。

もちろん書くことは部下の悪口や失敗ばかりとは限りません。

部下のことを観察していると、自分が言う前に資料が用意されていたとか、誰よりも早く出勤しているとか、机がいつも整理整頓されているとか、思わずほめたくなるようなことを発見することもあるはずです。

売上目標を達成したとか、取引先からほめられたとか、いつもより1時間も早く終わったとか、誰もが認める結果を残すこともあるはずです。

部下の口癖や日課になっている行動、自分との会話で気になったことなどを書くのもいいでしょう。

部下のことであればなんでも書いていいのが、このスペース。

悪口でも構わないので、とにかく思いつくままに書いてみる。

それが部下ノートのスタートです。

誰に見せるわけでもないので、部下のいいところ、悪いところをどんどん書くようにしましょう。

「部下を育てる」と、書き始めから肩に力を入れることはありません。子どもの頃につけた植物の観察日記のようなものをイメージしてください。「水をやり始めた」「芽が出た」「葉が伸びてきた」「花が咲いた」という具合です。

部下ノートの効果を得たいなら、まずは書く習慣をつけること。

ですから、**最初の1週間は、内容よりもノートを書いたかどうか**をポイントにすることです。

1週間書き続けられれば、部下のいいところも自然に見えてくるようになります。それだけ部下を観察する力がつくということです。

「この人はこうだったんだ」とか、「えっ、こんなことをしていたの」とか、部下の新たな一面を発見できるようになったら、それだけで部下ノートの効果があらわれたということです。

デジタル時代にあえてのアナログがいい！

よく「手書きは苦手なので、パソコンで記録するのはダメですか」という質問を受けることがあります。パソコンでもOKですが、できれば手書きをおすすめします。

なぜなら、パソコンだとついついだらだら書きすぎてしまい、余計時間がかかったり、内容が煩雑になったりして見返すのが面倒くさくなる危険性があるからです。

手書きだとだらだら書くことはないですよね。**手書きで、要点をさらっと書くほうが、意外と早く終わりますし、見返すときにラク**ですよ。

部下への指導の記録が、あなたの貴重な財産になる

いつどこでどのようなアドバイスをしたのか記録する

「部下の行動」を書いたら、その下の欄、部下に指導したことを書くスペースに、その日、自分が部下に対してどんなヒントやアドバイスを与えたのか、部下の行動にどう反応したのかなどを書いていきます。

ただし、日々のルーチン業務の指示や行動のように、上司から部下への一方通行的な内容は書かないようにしましょう。このスペースに書くのは、部下の行動に対してその反応や行動、それから部下の仕事の改善のために自分が何をしたかです。

たとえば、部下が前向きになるためにかけた言葉とか、会議での部下の発言が面白

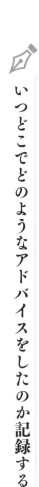

かったので思い切りほめてみたこととか、部下の行動が目に余って叱責《しっせき》したことなど、を書いていきます。また、もっと部下の仕事に直接使えるような、お客さまへの接し方とか、機械の使い方とか、企画の立案の仕方などを書くのもいいでしょう。

ここに書くのは、基本的に部下の行動に対するリアクションですから、部下ノートをつけ始めたばかりの段階では、無理に書かなくてもかまいません。

「これは、今までにないアドバイスだったな」とか、「この行動は思い切ったな」というものがあれば書く、という程度で十分です。

もしできれば、どのタイミングで言ったのかを書き添えてください。

同じ言葉でも、タイミング次第で、その効果が変わるからです。

できない部下を「できる部下」に変えていくために、最も大事になるのは、部下それぞれに合わせて、いろいろなアプローチをすることです。

その効果をはっきり確認していくうえでも、忘れずに誰に向けたものだったのか、イニシャルか名前も書いておくようにしましょう。

「部下ノート」で結果を30秒チェック、何が問題かを見過ごさない

1週間に一度の振り返りが部下の行動を変える

部下ノートには、部下に指導したことを書くスペースに書き込んだ部下に対するアドバイスや指導などの結果も記録していきます。

チェック項目は2つ。

1つは週単位でチェックする、部下の行動変化。

○（変わった）、△（変わりつつある）、×（変わっていない）の3段階で評価します。

たとえば、部下に指導したことを書くスペースに、「大きな声で話したほうがお客さ

まにも信頼感を与えるから」というアドバイスがあったとします。

取引先に同行したら、部屋に入るなり大きな声であいさつしたら○。

あいさつしたりしなかったり、もしくは言いやすい人に声をかけているなら△。

以前と変わらないなら×。

こういう評価になります。

この振り返りを行うことで、部下に対する自分の行動（アドバイス、指導）が適切だったのかどうか判断できます。

結果が出なければ、新たなアドバイスや指導を考えなければなりません。

また、ノートに残しておくことで、この方法はこの部下に合わないとか、この問題を解決する策としては向かないといった、判断基準を自分のなかに蓄積していくことができます。

もう1つのチェック項目は、3週間後に行う結果確認。

これは、週単位でチェックした内容が、仕事の結果につながったかどうかを、やはり3段階で評価します。

○（結果が出た）、△（これから結果が出るかもしれない）、×（まったく結果が出なかった）。

たとえば、

売上が上がるもしくは、契約を獲得できるなどしたら○。

契約まではいかなくともアポイント先が増えたら△。

売上、アポイント数など、目に見えた数字の変化がなければ×。

という評価になります。

○△×というように単純化することで、振り返りの時間をグッと短縮することができます。

結果が出たかどうかを3週間後にチェックすることによって、はじめて自分のアドバイスが会社的に意味のあるものだったのかどうかを確認することができます。これも行動変化と同じように、自分のなかの判断基準を蓄積していくことになります。

行動が×であれば、指導自体を見直して、結果が×の場合は、結果を出すためには、どうすればよいのかを改めて考えます。

そして、こらからの指導をどうするかを「今後の指導」の欄に書いていき、最終的に、結果の欄に○がつくようにしていきます。

最初は大変かもしれません。

しかし、続けていくと「忘れやすいから失敗する」「報告しないから失敗する」「思い込みが強いから失敗する」などなど、その人の失敗のパターンは、大体同じであることに気がつくはずです。

ですから、回を重ねるほどに、「今後の指導」の欄に書くのも早くなりますし、アドバイスも的確になっていくはずです。

「部下ノート」の効果を上げる、書くときの6つの鉄則！

鉄則1　1、2行で十分。書きすぎないこと

部下ノートを続けられない人の原因の1つは、丁寧に書きすぎることです。なんでもそうですが、始めた瞬間はやる気があるので頑張ってしまいます。部下ノートの場合なら、ついつい長めに書いてしまう傾向があります。

しかし、**部下ノートは手短にまとめるのが、継続のコツ。**1人の部下に対して、1、2行で十分です。

「○○さんが、□□した」。これだけで構いません。

たとえば、「○○君、○時○分に出勤。顔色が悪い。どうしたのだろうと思っていたら、〝おはようございます〞と小声であいさつをしてきた。昨日、残業したのだろうか。

気になる」と書いたとします。

これでも問題ありませんが、「○○君、朝のあいさつの声が小さい」でも十分です。

最初のやる気を継続できればいいのですが、人間なかなかそうはいきません。やる気はすぐにしぼんでしまいます。そのときに、「長めに書かなければ」という意識があると、部下ノートが重い存在になります。

書くことを義務づけて無理に続ければ、途中で挫折することになります。腹八分という言葉がありますが、部下ノートの内容も、「これでは少ないかな？」と思うくらいの文章量が最適です。

部下ノートは、継続してこそ効果を発揮するツールなのです。

鉄則2　部下全員のことを書かなくてもいい

部下ノートをつけることをすすめると、「部下が多くてできません」という声を聞くことがあります。

結論から言うと、部下が何人いても部下ノートは始められるし、継続できます。

皆さんも部下の数はバラバラだと思います。1人しかいない人もいれば、10人、20人、もしかすると100人という方もいるかもしれません。

私には直属の部下が9人います。

さらに定期的に主催している勉強会に参加している方は130人です。

厳密にいうと部下ではありませんが、合計140人に対して部下ノートを続けています。


何人いても続けられるのは、部下ノートに全員のことを書くというルールはないからです。ノートに書くのは、気になった部下のことだけ。

仕事によっては1週間顔を合わせることがないという部下や、ほとんどコミュニケーションがなかったという部下もいるでしょう。その人が何をしたのかわからないので、ノートに書くネタはないと思います。

つまり、1週間に一度も登場しない部下もいれば、何度も登場する部下もいるということです。部下ノートはそれでいいのです。

そういう意味では、部下ノートは人数無制限のツールといってもいいでしょう。

部下ノートの目的を明確にすることで、ノートに書き留めていく対象を絞り込むという方法はあります。

たとえば10人部下がいたとしても、新入社員だけに絞るとか、入社３〜８年目までの中堅社員に絞るとか、直近１年間の営業成績が悪い３人にするとか、絞り込み方は自由です。

会社や部署などの方針や目的に合わせて絞り込むと、より細かく観察できるようになります。

ただし、数人に絞り込んだからといって、全員のことを毎日書く必要もなければ、詳しく書くこともありません。部下ノートに書くのは気になったこと。なければ、書かなくても構いません。

継続のコツは、自分に義務感を与えないこと。義務に感じると、自分で始めたことなのに、どうしてもやらされ感が出てきます。

部下ノートが習慣になるまでは特に注意したいところです。

鉄則3　毎日書く必要なし

部下ノートは毎日書かなくても構いません。

日記ではないので、部下の気になることがなければ、その日は無記入でOK。

「毎日、最低でも何文字は書こう」などと、継続の妨げになるようなことは決めないようにしましょう。

「毎日書かなければいけない」となると、まさに義務。書くことが面倒くさくなって続けられなくなります。

1日を振り返って、「今日は書くことないな」と思ったら、部下ノートを閉じるようにしてください。

そもそも、書こうと思っても、本当に何も書けないことがあります。

たとえば、終日外部の研修やセミナーに参加したときは、部下とのやりとりが1日まったくない可能性もあります。そういう場合は、書かなくていいのです。

身近に部下がいたとしても、部下が気になる行動をしたり、素晴らしいと思えることをしなかったら、あえて書くことはありません。

書くことが何かないだろうかと無理に探すのも、部下ノートが続かない原因です。

それは、部下に指導したことを書くスペースも同じです。部下とのやりとりがなければ書く必要はありません。部下に対して何もアプローチをしなかったときは、書くネタはないはずです。

つまり、「書かないこと」も部下ノートを継続するコツなのです。

鉄則4　文章に凝らない

あなたは、もともと文章を書くのが好きですか？

好きな人は、部下ノートの書き込みに注意しましょう。文章を書くのが好きな人は、部下ノートとはいえ、文面にこだわります。

納得いかなければ書き直したり、書き始めるまで時間がかかったりする人もいます。実際、部下ノートを研修で実践させてみると、部下の行動をまるで小説のように書く人がいます。

「○○さん。彼女がはじめて、ミーティングで自分の意見を語った。それほど目新しい内容だったわけではないが、控えめな彼女が意見を言ったというだけで、私には驚きだった。昨日、研修での彼女の発案をほめたのがよかったのだろうか。もう少し、様子を見てみよう。次のミーティングが楽しみになってきた」

最初はこれでもいいと思います。ただ、これを毎回書くのはたいへんです。

「○○さんが自分の意見を言えたのは、もしかすると自分がほめたから」という内容が盛り込まれていれば、部下ノートとしては十分。

そもそも、部下ノートは誰かに見せるものではありません。自分が読めればいいのです。それに、短時間で書ける短文のほうが、書くことが負担になりません。長文にしようとすると、人によって業務に支障を来す場合も出てくるのではないでしょうか。

また、部下ノートに書く文章に、美しさや正しさは不要です。そういう意味では、パソコンを使ってアイコンをつけたり、文字色を変えたりするのも、ノートは楽しくなるかもしれませんが、時間の無駄。

部下ノートは、シンプルなのが一番なのです。

本書の巻末にある「部下ノート」のフォーマットは、スペースを区切っています。スペースを設けたのは、頑張って書き込むことを避ける狙いもあります。

2行くらい書けば、スペースがいっぱいになるでしょう。

その程度の文章量が、継続するためには最適なのです。

鉄則5　自分が読めればいい

何度も話してきたように、部下ノートは誰かに見せるものではありません。

もちろん、部下に直接読ませることもありません。自分さえ読めれば十分なのが、部下ノートなのです。

つまり、部下ノートはとてもフリーな存在ということです。

誰でも自宅とビジネスの現場では身のこなし方が違うように、言葉にすることと心で思っていることが異なることもあります。


部下ノートには、ときに上司として部下に言わなくてもいいことを書くこともあるでしょう。


特に、ノートを書き始めた頃は、ただ思うままに部下のことを書くことに集中しているので、心の内側を表現していることが多くなるかもしれません。

そこから始まるのが部下ノート。

前述しましたが、**誰も見ないから、最初は部下の悪口を書き連ねてもいいのです。**

もし、このノートを誰かに見せなければならないものだとしたら、書き始めるまでに時間がかかることもあるはずです。また殴り書きをするわけにもいかないので、丁寧な文章をつくろうとして、書き終わるまでに時間がかかります。

そうなると気持ちを整える必要も出てくるので、部下ノートを書き続けることはかなり困難な作業になるはずです。

鉄則6　会議や行事だけの記入はNG

部下ノートには、部下のことや自分と部下のことならなんでも書いていいのですが、効果につながらない書き方があります。効果がなければ、当然、部下ノートを継続することはできません。

ダメな書き方の代表的な例は、スケジュール帳のような書き方です。

「○月○日、部下との面談」
「○月○日、販売促進会議」
「○月○日、棚卸し」

これは、その日の行事を列記しただけ。これでは部下がどうしたのか、自分が何をしたのか、それに部下がどう反応したのかがまったくわかりません。

何を書いてもいいのが部下ノートですが、**社内の行事やイベントだけを記入するのはNG**です。

この内容では、部下が育つきっかけにも、自分が変わるきっかけにもなりません。

スケジュール的なものを書き込むのは、何も考える必要がないのでとても書きやすく、とりあえず部下ノートのスペースを埋めることはできます。

これだと、自分がやっていることを自己アピールしてるだけで、部下ノートの目的である部下と自分の成長にはまったく効果なし。自己満足そのものです。

それより、ノートに書いたような行事やイベントがあったとしたら、それこそ書くネタには困らないはずです。

たとえば、「○月○日、販売促進会議」であれば、その**会議で部下がどんな意見を出したのか、その意見を聞いて自分はどう思ったのか、そこで自分は何を決断したのかなど、書くことはいくらでもある**はずです。部下ノートに書くのは、そこです。

1週間を過ぎれば、ノートをスラスラ書けるようになる

1週間で部下の見方が変わる

部下ノート継続の最初のターニングポイントになるのが1週間。

1週間書き続けることができると、自分自身が少し変わったことに気づきます。ノートを書くために、部下のことを、今まで以上によく見るようになるからです。

それまではまったく見ていなかった部下の細部にわたる行動や、気にしていなかった言葉が、目や耳に入ってきます。

たとえば会議なら、**誰の発言が多いのか、発言していない人はどんな表情をしているのか、など、発言内容以外のことにも目を向けるようになります。**

そうすると見えてくるのが、部下のいいところ。

「○○君の訪問件数が少しずつ増えてきている」

「○○さんの書類を整理するスピードが上がっている」

「今日も○○さんが一番早く会社に来た」

視野が広がればいいところも見えてくるし、気になるところもさらに見えてきます。

要するに、部下ノートは継続すればするほど、書くことに困らなくなるということです。

さらに、そのネタの重要性、つまり書くか、書かないかの選別もできるようになります。

「部下ノート」が、会社とあなたの未来を変える

3カ月続ければ、「部下ノート」は習慣になる

部下ノートの効果があらわれるまでの目安は12週、約3カ月です。もちろんそれまでに、小さな変化が起きることには気づけるし、結果となると、1章で紹介したようにもう少し時間がかかることもあります。

3カ月を目安にしてほしいのは、効果も当然ながら、**3カ月続ければ、それが習慣になるからです。そうなれば、結果が出るまで続けることができるはずです。**

3カ月続けることができたら、本書の巻末にあるノートをコピーして使ってもいいですし、オリジナルの部下ノートをつくっても構いません。

日付、部下の行動、自分の行動（アドバイス、指導）、その結果がわかるように書き留めてあれば、部下ノートの機能は果たせます。つまり、自分のスタイルで部下ノートをアレンジしてもいいということです。

私が考える部下ノートの理想形は、日々気づいたことを書き続けて、評価もしていけることです。

書かなければいけないという感覚さえもない。気づけば、部下ノートを広げて、自分のこと、部下のことを考えている。それが一番です。

そうなるまでは、フォーマットを使って書くことを習慣づけするほうが近道といえるかもしれません。

なかには、部下ノートを頭のなかにインプットできる優秀な人がいるかもしれませんが、まずは、自分の手を動かしてノートに書き留めること。すべてはそこから始まります。

「部下ノート」は、上司自身のビジネススキルもアップする

部下ノートの目的は、できない部下を「できる部下」に変えるだけではありません。上司自身のスキル向上にも役立つツールです。つまり、部下ノートは、部下も上司も成長できる便利ツールでもあるのです。

自分自身の変化には、すぐに気づきます。

というのは、**1週間書き続けると、部下の見方が変わる**からです。今まで気づかなかったことに気づける自分に、少し驚きを覚えることになります。

「彼は、思っていた以上に会議で自分の意見を言っていたんだな」

「彼女のタイピングがこんなに速いとは……」

「彼は、とても丁寧に説明できる人だったのか」

上司はどうしても部下のできなかったことや欠点が目につくものですが、長所にも目が届くようになります。いわゆる観察力の向上です。

部下ノートには、部下に対する上司の行動（アドバイス、指導）も書くことになるので、部下がうまくできていないところや悩んでいることに、自分は何ができるのかを考えるようになります。そして、実際に部下に対してアドバイスを与えたり、指導するようになります。また、それによって部下が変わったのか、結果につながったのかも確認していきます。

これは、まさに上司自身のマネジメントのトレーニング。日々の小さな積み重ねですが、確実に上司としての能力アップにつながります。

部下と自分の成長のために始める部下ノートで気をつけるのは、自分の個人的な好き嫌いで書くか、書かないかを決めないことです。ノートに書くのは、あくまでも仕事上での部下の行動や言動で、いいことも悪いことも含めて気になったこと。

好き嫌いを基準に書き始めると、部下のことを客観的に理解することができなくなります。もちろん、自分の成長にもつながりません。

とにかく、まずは部下ノートを習慣にすることです。

日記をつける習慣のある人や、何か気づいたらメモをとる習慣がある人なら、すぐに身につくかもしれませんが、そうでない人は、部下ノートを習慣にするのが最優先。「部下ノートを書かなければならない」と義務づけせずに、書きたくなったら書くくらいのスタンスで始めるのもいいかもしれません。思うままに書き始めても、１週間も書き続ければ、自分の変化に気づきます。

そして効果を少しずつ実感できるようになると、気づいたときには部下ノートが手離せなくなっているはずです。

この本では、巻末に部下ノートを付録としてつけています。

誰にでも書きやすいように簡単なフォーマットをご用意しました。まずは、この形に沿って書いてみることをおすすめします。

慣れてきたら、自分の書きたいように書いていただいて結構です。

経営者こそ「部下ノート」を試してほしい

私は、中小企業の経営者にこそ、一度、部下ノートを試してほしいと思います。経営者になればなるほど、全体を見なくてはならないので、社員、1人ひとりに向き合うことはなくなると思います。「あいつはできない」という社内の評判を聞いて評価を下げることも多いのではないでしょうか。

今いる社員より、新しい社員の期待値のほうが高くなるのは当然のことですが、前述したように、よい社員というのは、なかなか採用してもこないというのも事実です。それよりも、本当にダメな社員なのか、どうすればできるようになるのかを、考えたほうが、時間もコストもかからないことも往々にしてあります。

部下ノートが**社員、1人ひとりを見るきっかけになる**はずです。

直接、部下に注意するのではなく、**気がついたことを、直属の上司に伝える。それだけで、社内に埋もれている才能を発掘できることもあるのではないでしょうか。**

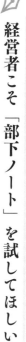

第3章

伝え方を変えれば、「部下ノート」の効果が倍増する

伝え方次第で、部下の行動は大きく変わる

「部下ノート」の効果を倍増するための伝え方を身につける

部下ノートで部下を深く知り、気づいた部下の気になる行動に対して記録し、どう伝えればいいのか、いくら考えたとしても、部下にそれを伝える作業、いわゆるフィードバックがうまくいかないと部下は育ちません。

そもそもフィードバックとは何か。

一般的な人事用語として使う場合は、次のように言い換えることができます。

「業務内での行動などを評価した結果を、その行動した人に伝え、次の行動につなげること」です。

フィードバックという言葉を分解して考えると、さらに、その必要性を深く理解することができます。フィードは、食べ物を与える、つまりは栄養を与えることです。バックは、返していくこと。

つまり、上司が返すものは、部下にとって糧になるものという意識が大切です。間違った行動を指摘しただけとか、面談で「今期はこうだったね」と評価を伝えるだけでは、フィードバックの半分もできていないということ。それでは、フィードバックとは呼べません。

また、栄養は、TPOも含め最も部下が伸びる瞬間に与えることが重要です。相手は感情を持つ人間です。**同じことを伝えても、タイミングを間違えば、まったく身にならないこともあります。**

日本人はフィードバックが下手だといわれます。

その原因は、フィードバックのときの部下とのコミュニケーションにあるようです。部下との会話のなかでの聞き方、伝え方にはコツがあります。

それさえ身につければ、部下ノートは、さらに使える育成ツールになります。

あなたの指導が若い人に伝わらない一番の理由

「●●世代」という言葉をよく使う上司は失敗する

私が30年間、300社以上の支援をして見てきたなかで、フィードバックがうまくいかない上司には、次の2つの特徴があります。

・「自分がいいと思うことは部下もいいと思っている」「自分の世代は、これで成長した」という自分基準人間。
・「●●世代」「今どきの若い人」という、大まかなくくりで人のことを評価するレッテル貼り人間。

どちらも単なる自分の、もしくは自分が思い込んだ根拠のない価値観の押しつけをする人間です。部下ノートを1週間もつければ、自分が受けてきた指導方法が必ずしも万能でないことも、年代が同じだからといって、すべての部下が同じ性格ではないことも、気づくはずです。

特に、部下を育てられない上司に共通している項目として、一番に取り上げられるのが、「レッテル貼り」。個々に対応するのが面倒で、上司がすぐにやりがちな行動ですが、部下にはまったく受け入れられていないことを自覚してください。

「ゆとり世代は」「最近の若い人は」「20代社員は」「女性社員は」「今年の新人は」「中国人は」……と、レッテルにはいろいろなものがありますが、ひとまとめに評価して、ひとまとめに育成しようとするのは、まったくの愚策。

できない部下をなんとかしようという話をしてきましたが、**つい「ゆとり世代とは……」と話してしまう上司ほど、実はできない部下をつくる「ダメ上司」**なのです。

だからこそ、部下ノートで部下１人ひとりを見る習慣をつくることが大切なのです。

ちなみに、１９８７年に出版された部下を指導するための本に、新人類の特色が次のように書かれています。

・躾《しつけ》がなっておらず、過保護に育っている。
・豊かな時代に生きているので、飢えを知らない。
・「ながら」族である。
・飽きっぽい。
・仕事に対して受け身の人が多く、常に指示を待っている。
・仲間外れに恐怖心があるのか、新人類語をよく使う。
・感性的な会話を好み、長電話である。
・エレクトロニクスに強い。

これらは、そのまま「ゆとり世代」の特徴にも当てはまります。●●世代とひとくくりにするのは、ほとんど意味がないことなのです。

あなたの部下の行動特性を意識する

「ソーシャルスタイル」で部下の行動特性を知る

先ほどの項目で、レッテルを貼るなと言いましたが、特に世代が違うと、人の価値観や嗜好《しこう》、性格というのは、なかなか理解しにくいもの。

どういうアプローチをすると部下に聞き入れてもらえるのか、自信がなく、メディアがもっともらしい理屈をつけて教えてくれた「レッテル」に頼りたくなる気持ちはよくわかります。

何度同じことを伝えても一向に変わらないできない部下を持つ上司は、あきらめ感もあるため、なおさらそう思うこともあるかもしれません。

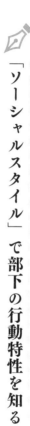

また、部下に同じように指導しても、突然キレる人、話題を変えようとする人、黙り込んでしまう人など、対応は人それぞれ。こうなると、上司としてもどう話していいのかわからなくなることもあるでしょう。

そこで、レッテル貼りではなく、1つの基準として参考になるのが、人間を2つの軸で4つのタイプに分けるソーシャルスタイルです。

これが優れている点は、その人の行動からその人のタイプを割り出すという点で、世代などという大まかなくくりではなく、その人、個人を見て判断している点です。

ソーシャルスタイルは、人の行動特性を「自己主張度」と「感情表現度」の2つの尺度の組み合わせで分ける方法で、人間は次の「アナリティカル」「ドライビング」「エミアブル」「エクスプレッシブ」の4つに分類されます。

・アナリティカル（「自己主張度」「感情表現度」がともに低い人）

自己主張度、感情表現度、どちらも低いタイプです。

特徴／控えめ、とっつきにくい、粘り強い、慎重に綿密に計画する、決定に時間をかける、形式や論理を重視する

・ドライビング（「自己主張度」が高く「感情表現度」が低い人）

自己主張度は高いが、感情表現度は低いタイプです。

特徴／行動が早い、成果にこだわる、冷たく見える、独立心が強い、競争心が強い、論理やデータを重視する

・エミアブル（「自己主張度」が低く「感情表現度」が高い人）

自己主張度は低いが、感情表現度は高いタイプです。

特徴／親しみやすい、協調的な態度、相手の主張を受け入れる、依存心が強い、世話好き、人との関係を重視する

・エクスプレッシブ（「自己主張度」「感情表現度」がともに高い人）

自己主張度、感情表現度、どちらも高いタイプです。

特徴／気持ちや考えを率直にあらわす、直感的に行動する、熱中しやすい、形式にこだわらない、周囲から認められたがる、表現が豊かで話好き

人間を4タイプに分類する「ソーシャルスタイル」

人の行動特性を「自己主張度」と「感情表現度」の２つの尺度の組み合わせで分けると４つに分類される。

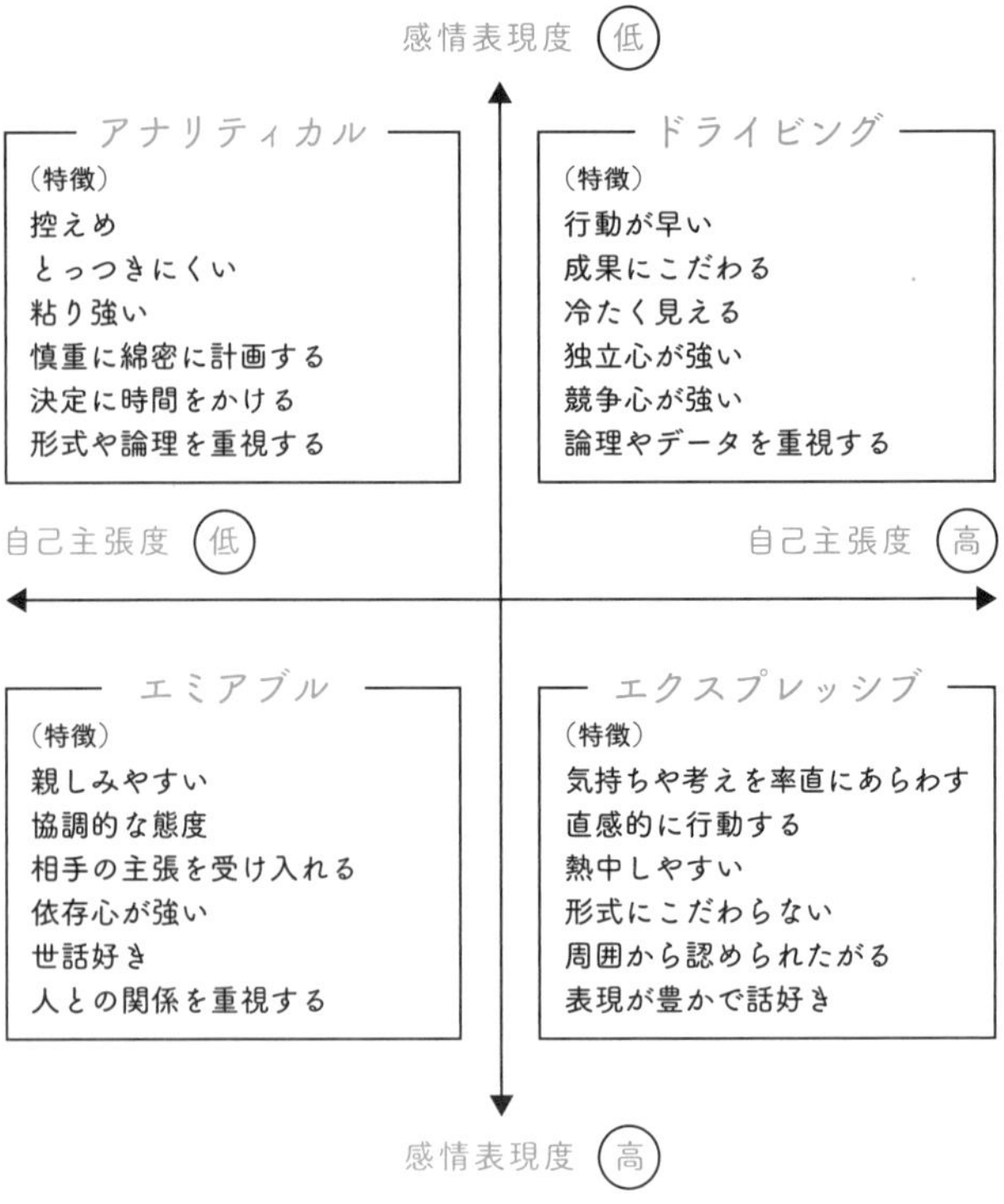

このソーシャルスタイルは、他人から観察できるその人の行動傾向をもとに反映していく手法なので、わかりやすく誰にでも適用・運用できるのが特徴です。

どうやって分けるのかは、**次ページの判別方法を参考にして、あなたが、その部下を判別**してください。

選んだ数が多いほうを、それぞれその人のタイプとし、自分の部下が前述したマトリックス表のどこに分類されるのかを見てみてください。

見るときのポイントとしては、あいつはこのタイプだろうという偏見は捨てて、実際の行動から客観的に「自己主張度」と「感情表現度」を判断してください。

変な思い込みがあると「レッテル貼り」になってしまいます。

感情表現度の判別

話すときにどちらの行動が多いか○をつけてみましょう。上に○が多ければ、感情を抑える傾向にあり、下に○が多ければ、感情をあらわす傾向にある人だといえます。

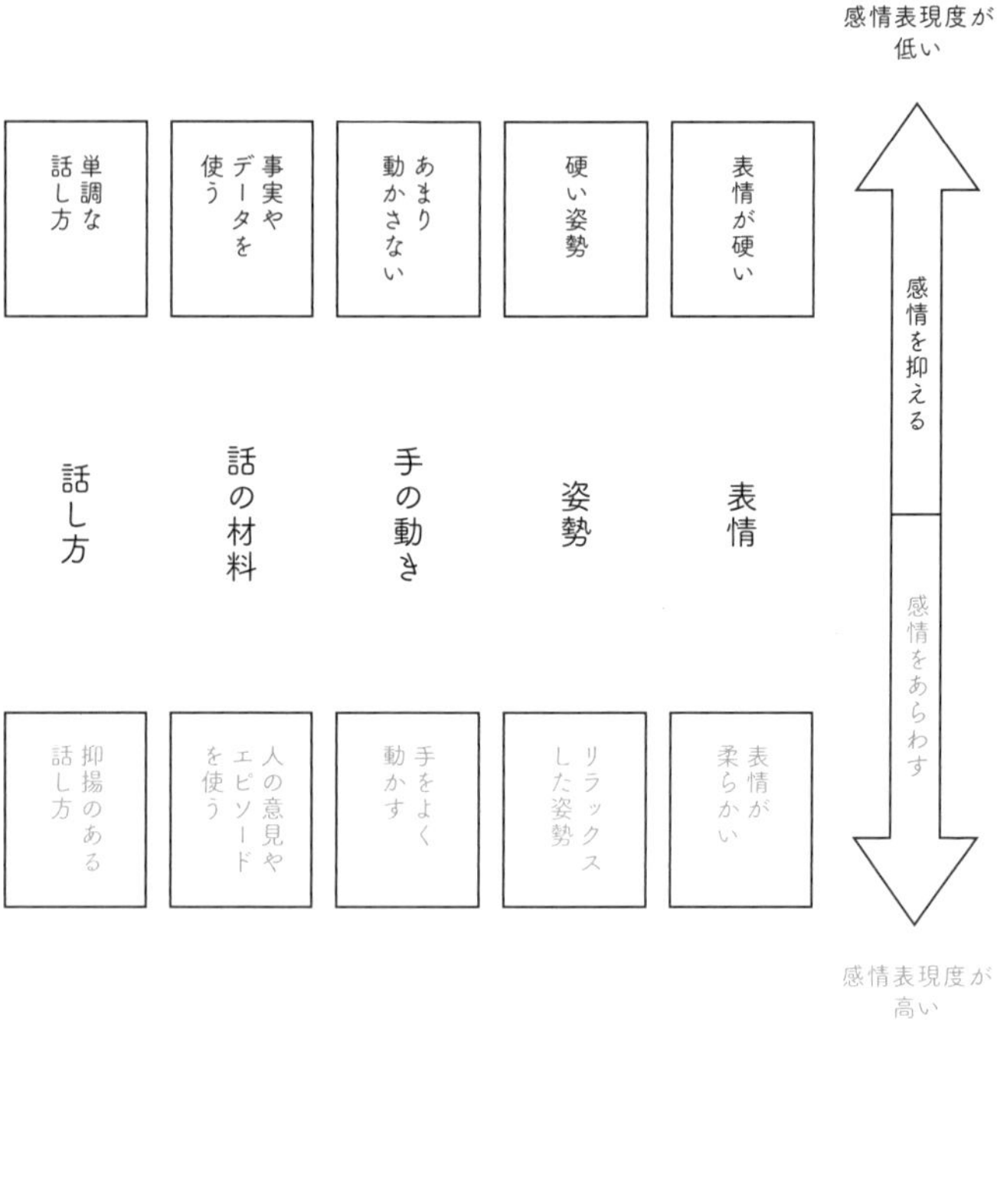

自己主張度の判別

話すときにどちらの行動が多いか○をつけてみましょう。左に○が多ければ、他人の意見を聞く傾向にあり、右に○が多ければ、自分の意見を主張する傾向にあります。

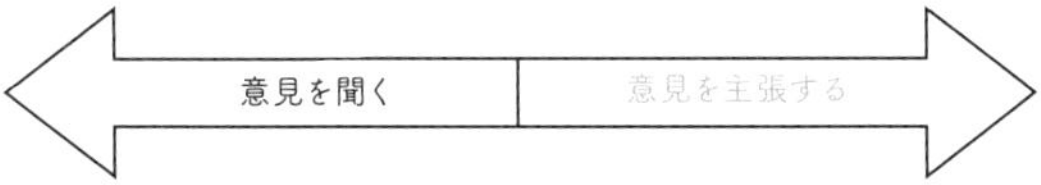

自己主張度が低い		自己主張度が高い
ゆっくり話す	話す速さ	速く話す
発言が少ない	話す量	発言が多い
小さい	声の大きさ	大きい
強調的に使わない	手の使い方	強調的に使う
身を乗り出さない	姿勢	身を乗り出す
視線を合わさない	視線	視線を合わせる

※左右それぞれ3つずつで同数の場合、会話のときに「聞くタイプ」か「しゃべるタイプ」かを判断してください。聞くタイプなら自己主張度が低いタイプ、しゃべるタイプでしたら高いタイプ になります。

タイプ別にアプローチを変えれば、あなたの言葉は響くようになる

理解のある上司と思われるアプローチの仕方

さて、部下の特徴からソーシャルスタイルで4つに分類したら、次にそれぞれに合った方法でアプローチしてみましょう。

・理論派のアナリティカルタイプには、結論を急かさない

物静かで理論派のアナリティカルタイプの場合は、まずしっかり話せるタイミングを見計らって声をかけること。冒険することをことのほか嫌うタイプなので、感覚的なアドバイスは効果なし。

リスクや弱点が最小になるような提案をしつつ、それをすることの長所と短所を

しっかり示すようにしましょう。

このタイプの人は行動を起こすまでに必要な情報と時間をほしがるので、結論を急がせないほうがいい結果につながります。

・行動的なドライビングタイプには、成果の裏付けを用意する

自分で納得したら行動が早いドライビングタイプの場合は、アドバイスの裏付けが絶対必要。「なんとなくいけると思うよ」とか、「ほかの人も成功しているみたいだから」というアバウトなアドバイスは、絶対に受け入れません。

このタイプにアドバイスするときは成果の裏付けを準備することです。もし、素直にうなずかないときは、口頭で納得させるより、改めてアドバイスするのがポイント。腹落ちすれば行動が早いだけに、納得材料をそろえることに時間をかけたほうが効果的です。

・協調性のあるエミアブルタイプには、上司が応援することも約束する

親しみやすくて、とりあえずどんな話にも耳を傾けてくれるエミアブルタイプの場合は、アドバイスのタイミングで頭を悩ませることはありません。上司の話には、いつでも耳を傾けてくれます。

このタイプには、とにかく行動を変えることへの安心感を与えてあげることです。周囲のみんなが支持している方法だとか、成果が出るまで私も応援すると意思表示するとか、安心が確認できたらすぐに行動に移します。

ただし、依存心が強い傾向があるので、アドバイスの内容は吟味してから伝えるようにしましょう。

・感覚優先のエクスプレッシブタイプには、とにかく心を揺さぶること

直感で行動するのが特徴のエクスプレッシブタイプは、アドバイスを受け入れるかどうかも即答してくれるので、上司としてはラクといえばラクです。ただし、どんな効果的なアドバイスだったとしても、心が動かないとまったく反応してくれないこともあります。

このタイプには、個人を優先するところがあるので、アドバイスを聞くと得できるとか、個人的なインセンティブがもらえるとか、周囲から評価されるとか、自尊心をくすぐってあげるようにしましょう。

タイプ別の基本的なアプローチ方法を紹介しましたが、これらのアプローチをして「自分のことをわかってくれているな」と感じてもらえたら、しめたものです。部下はあなたを信頼してくれ、グッと仕事がしやすくなるはずです。

もちろん、必ずしも部下が受け入れてくれるとは限りませんし、このアプローチ方法が絶対ではありません。

繰り返しになるかもしれませんが、部下ノートをつけると同じ人間は1人としていないことがわかります。人間をきっちり4つに分類するのは不可能なのです。ソーシャルスタイルを活用してアプローチしてダメだったら、それを部下ノートに記録して、次のアプローチを考える。それも、蓄積された自分だけのノウハウになります。

あなたの印象が激変する聞き方のコツとは

フィードバックは口ではなくまずは耳を使う

さて、ソーシャルスタイルから、アプローチ方法を考えたら、実際に、フィードバックをしてみましょう。

まず、フィードバックはあなたではなく、相手から話させるのが大切です。

部下は上司から声をかけられるとドキッとします。

面談のようなかしこまった場になると、「説教をされるのではないか」と緊張してしまう人もいるはずです。

上司は、まず、その緊張感をほぐす必要があります。そのために上司が最初にやるべきことは、部下の話を聞くことです。

緊張をほぐす目的で雑談から入るのもいいでしょうが、とにかく部下の話を聞くようにしましょう。

「聞いてくれる」というだけで、部下には安心感が生まれます。そうすると上司の話に耳を傾ける準備ができます。

部下の話を聞く段階で、上司が注意するのが以下の６つ。

1　部下の意見に賛成なのか、反対なのかをすぐに判断しない

2　結果の原因を究明しない

3　上司自身の話をしない

4　部下の話の途中で、上司が解決しない

5　先入観を持たずに耳を傾ける

6　評価しない

要するに、聞き役に徹する、ということです。

ソーシャルスタイルで自己主張が強いドライビングタイプやエクスプレッシブタイプの人は、上司が先に話してしまうと敵意をむき出しにして、フィードバックの目的から逸《そ》れる可能性があります。

また、自己主張が低いアナリティカルタイプやエミアブルタイプの人は、上司が話し始めると、ただ聞く側にまわり、自分の意見を言わなくなってしまいます。

これでは、いずれにしても部下の話を聞くことができません。フィードバックの際は、上司が沈黙に耐える時間もとても大切なのです。

フィードバックの場では、部下の話を受け入れることが最優先。
部下「最近、忙しいです」
×上司「そんなことはないだろう」「まだこんなものじゃないぞ」
○上司「そうだよな」
部下「残業が多すぎます。この部署はどうかしていますよ」

○上司「確かに。最近、残業が多いな。私のマネジメント力が足らなくて悪い」

たとえ部下が間違った認識を持っていたり、原因があきらかに部下の能力不足だったりしても、いったん受け入れること。そうすることで部下との会話がスムーズになります。

話しやすい環境をつくるのも上司の役割です。
すぐに実践できる簡単な方法が３つあります。

1　部下が話すことを復唱する

部下「悩んでいるんですよ」
上司「悩んでいるのか」
いわゆるオウム返し。部下の話をしっかり聞いている印象を与えられます。

2　部下の話にうなずく

部下が話しているときに、話に合わせて、よくうなずくことも大切です。ポイントは、部下がわかるように大きくうなずくこと。自分ではうなずいているつもりでも、まったく頭が動いていないようでは効果がありません。

3　部下の話を要約する

上司との会話に緊張している部下が、自分の意見を理路整然と話すのは難しいものです。その話を、「こういうことかな」と端的にまとめ確認する。そうすることで、「この人は、自分の話をしっかり理解してくれる」と、部下に安心感が生まれます。

復唱して、大きくうなずいて、要約する。

この3つを意識して部下の話を聞くだけで、部下からの信頼感はどんどん増すことになります。

できる上司は、部下の話を掘り下げる

過去・現在・未来で分けて考えるとわかりやすい

フィードバックは、部下の話を聞ける貴重な機会なので、話を掘り下げる努力もしましょう。

部下ノートに書き込んである部下の行動の裏側には、上司が知らない、気づけない理由もあるはずです。

ですから、**フィードバックには、必ず部下ノートを持って、どういう行動をしたのか、書き込む**ようにしましょう。

そこにしっかり耳を傾けることで、部下からの上司への信頼はさらに高まることになります。

質問するときに、上司が意識すべきことは、「質問する＝部下に考えさせる」ということです。

上司がフィードバックのときに、部下から聞いておきたいことは次の3つ。

1　何が起こっているのか
2　なぜ、そうなっているのか
3　これからどうするのか

「何が起こっているのか」では、過去、現在、起きていることの全体像、自分の行動とその背景を部下にできるだけ具体的に話してもらうことです。言葉にできないと、部下の行動の改善はなかなか前に進みません。

「なぜ、そうなっているのか」は、真相を究明するための会話です。部下の行動や言動の何がよくて、何が悪いのか。本当の原因がどこにあるのかを、部下に自分で考えてもらいます。

郵便はがき

切手を
お貼りください

105-0003

（受取人）
東京都港区西新橋2-23-1
3東洋海事ビル
（株）アスコム

1万人の部下をぐんぐん成長させた
すごいノート術
部下ノート

読者　係

本書をお買いあげ頂き、誠にありがとうございました。お手数ですが、今後の出版の参考のため各項目にご記入のうえ、弊社までご返送ください。

お名前	男・女	才
ご住所　〒		
Tel	E-mail	
この本の満足度は何％ですか？		％

今後、著者や新刊に関する情報、新企画へのアンケート、セミナーのご案内などを郵送または E-mail にて送付させていただいてもよろしいでしょうか？
□はい　□いいえ

返送いただいた方の中から**抽選で5名**の方に
図書カード5000円分をプレゼントさせていただきます。

当選の発表はプレゼント商品の発送をもって代えさせていただきます。
※ご記入いただいた個人情報はプレゼントの発送以外に利用することはありません。
※本書へのご意見・ご感想およびその要旨に関しては、本書の広告などに文面を掲載させていただく場合がございます。

●本書へのご意見・ご感想をお聞かせください。

ご協力ありがとうございました。

最後に「これからどうするのか」。

ここから解決案を一緒に考えるやりとりが始まります。部下が考え込んでしまった場合は、「そうすると、◯◯や□□が考えられるけど、どれがいいだろう？」と考えを助けることも大切です。

「できる部下」にするために、最も重要なことは、部下が自分で考えて、決めるということです。

上司は、あくまでもサポート役に徹することなのです。

ダメな上司は、思いつきで話をする

思いつきで注意をしても何も意味がない

フィードバックは、結果や評価に対して、部下が自ら考え、解決策をつくるのが理想で、そうすれば、上司に言われなくても自分から行動できるようになります。

といっても、それは「できる部下」の話で、できない部下には、どうしても上司からの提案やアドバイス、指導が必要です。

それが「栄養を与える」ということです。

問題は栄養の与え方です。

フィードバックの現場であれば、部下への伝え方ということになります。

うまく伝えられなければ、部下は上司が思うように動いてくれないし、成長もしてくれません。自分の仕事がラクになることはないということです。逆に、部下にうまく伝えられれば、自分もどんどんラクになるということです。

それでは、伝えるときに何が一番重要なのか？

それは、何を伝えるのかしっかり整理してから、話を始めることです。

部下ノートを使って現場で部下にアドバイスを送るときも、必要な手順です。「あいつ、あんなことしている」と気づいて、その手順を飛ばしてその場で思いついたままに話しにいくと、どうしても感情が先に立ちます。

目的は部下の行動を変えることで、その場で部下を怒って委縮させたり、反省させたりすることではありません。部下が反省するのは後からでも十分です。

まとまった時間のある面談のときも、その手順を飛ばすと、フィードバックの途中から話が違う方向へいくことがあります。話が飛んで時間がなくなって、肝心なことが伝えられなかったという経験がある人もいるのではないでしょうか。

それで部下が変わらなければ、伝えきれなかった上司の責任。

伝えるべきことは、部下と話す前にまとめる。

結果や評価、数字は把握していても、そこが抜け落ちているとフィードバックになりません。その状態で部下と話しても、ただの指摘や報告。部下も「わかりました」「そうですね」で終わってしまいます。

上司は、前項に書いた部下から聞き出したい3つの要素を意識し、何を話すか準備してから、部下に声をかけることです。

頭のなかにあるから大丈夫という人もいますが、紙にまとめておくのがベスト。長々と文章にする必要はなく、箇条書きで十分。部下と話しながら、目を向けると内容を把握できるようなものがあれば、伝え漏れを防ぐことができます。

現場で声をかけるときも、できれば用意したほうがいいでしょう。作業のミスを指摘するときなどは、マニュアルや手順書を持って話してあげるほうが、部下もどこが間違っているのか、どうすればいいのか、よくわかります。

「何を言っているかわからない」と部下に思われないための3つの約束

伝え方が悪いと信頼はいつまでも勝ち取れない

わずかな時間でも伝えたいことが伝わる人と、長々と時間をかけて話しても伝わらない人がいます。

「結局、あの人は何を言いたかったの？」と話が終わってから首をかしげた経験が誰にでもあるでしょう。

上司と部下との間でもよくあることです。上司は伝えたと思っても、部下は「？」。これでは部下の行動は変わらないどころか、それが何度も続けば、部下からの信頼を失います。

「何度言ってもわかってくれない」とできない部下を嘆く原因は、実は上司のほうにあるかもしれません。

人にものを伝えるときには、以下の3つを意識するだけで、よく伝わるようになります。

1　結論を先に言う
2　伝えたいことはシンプルに
3　イメージできるように伝える

では、それぞれ細かく見ていきましょう。

1　結論を先に言う

部下が行動に移せるように伝えるには、結論を先に言ってあげることです。

皆さんも、長いメールや長話の最後に、「参加できません」「お断りします」「当日は1時間遅れます」など結論が出てきて、「それを先に言ってよ」とイラッとしたことがあると思います。忙しいときはなおさらです。

フィードバックで伝えられる側になる部下も同じです。

やるのかやらないのか、行ったほうがいいのか行かなくていいのか、進めたほうがいいのか中断したほうがいいのか、など結論から話してあげないと部下の頭が混乱して、結局何をするべきかわからなくなることがあります。

理由を長々と話す前に、まずは結論。

フィードバックのときに伝えたいことが３つあるときは、冒頭で「○○君への提案が３つある。１つは……」と、３つあることを伝えてから話を始めることです。それだけで部下の頭は、話を聞く準備ができます。

2　伝えたいことはシンプルに

部下に結論を先に伝えるときに気をつけるのは、内容をできるだけシンプルにすることです。

やるやらない、参加する参加しないといった二者択一の場合は、どちらなのか明確に指示するようにしましょう。

また、**複数の人が絡んでくる仕事のときは、ほかの人がどうこうではなく、その部下がやるべきこと、したほうがいいことだけを最初にしっかり伝えること**です。

複数の手順で行う仕事のときは、最重視すべき作業だけを伝えることです。

できない部下には、言いたいことが盛りだくさんなのはわかりますが、それを器用にできるなら、すでに「できる部下」。1つひとつクリアさせていくのが上司の手腕になります。

3　イメージできるように伝える

できない部下は、何をどうしたらいいのかがわからなくて前に進めないことがよくあります。

ですから、上司はわかっているという前提で話さないことです。

たとえば、10分早く出社することを部下に提案したとします。上司は、10分早く会社に来れば、あれをやって、これをやってと頭に思い浮かべることができますが、できない部下にはそれができない。

10分早い出社を提案するなら、その10分で何をするのかまで具体的にアドバイスすることです。

「明日から10分早く出社しようか」ではなく、「明日から10分早く出社して、その日の商談の資料を整理するようにしようか」まで伝える。

そうすることで、部下は何をすればいいかをイメージすることができるようになります。

部下の「やっていません」を激減させる伝え方

行動に移せない言葉は使わない

上司は伝えたつもりでも、部下が行動に移せないのは、どう動けばいいのかが伝えられていないことも考えられます。そして、行動に移せない指示は、どうしようと部下が考える時間を使いますし、どうすればいいかわからないから、後回しにする、結局「やっていません」となってしまう可能性を上げます。

皆さんは、行動に移せる言葉と移せない言葉の違いを考えたことがありますか？

・お客さまの立場になって考える
・優先順位をつける

・徹底的に考える
・危機感を持つ

いずれも行動に移しにくい表現です。

上司から部下にアドバイスとしても頻繁に出てくる言葉ではないでしょうか？

果たして、こうした指示で部下は行動に移すことができると思いますか。

「できる部下」なら自分なりに解釈して動けるかもしれませんが、できない部下には無理。行動に移せない表現だけでは、できない部下を変えることはできないのです。

どうしたらお客さまの立場で考えられるようになるのか、どうやって優先順位をつけるのか、徹底的に考えるとは何をどう考えればいいのか、危機感はどうしたら持てるようになるのかなど、**具体的に何をすればいいのかまで伝えなければ、部下は行動に移せません。**

たとえば、「お客さまの立場になって考える」と言われてもピンときていないのであれば、「実際に自分がその商品を自宅で使うシーンを想像してみる」といった指示があり得るでしょう。部下が実践できるようになって、はじめてアドバイスなのです。

さらに部下が困るのが抽象的な表現です。
「集中する」「頑張る」「努力する」などでは、もはやできない部下は動けません。仮に動いたとしても、間違ったことに頑張ったり、努力したりすることで、状況を悪化させることにもなります。

上司が部下の行動を変えるために提案やアドバイスをするときは、行動に移せる言葉を使うようにしましょう。

前項でも伝えましたが、実際にその言葉を聞いて部下が具体的に実行できるのかという視点を持ってください。

注意するときはほめ言葉とセットにする

上司は部下に、ときに厳しい言葉をかけなければいけないときもあります。
それは、間違いを間違いと認識することがおろそかになっていたり、気づかないときです。ビジネスは、小さなほころびから、たとえ大きな会社でもあっけなく崩壊することがあります。

特に、人間の命にかかわる仕事の場合、その認識の低さが生命を危機にさらすこともあります。

ただし、指摘されたり、注意されたりする部下も人間ですから、一方的に自分の行動や考え方を否定されると嫌な気分になるし、反発します。反発が奮起を促す方向へ行けばいいのですが、上司の話をかたくなに受け入れない方向にいくときもあります。こうなると、いくら話しても部下を変えるのはなかなか難しくなります。

さて問題です。次の①から④を部下が気分のいい順番にならべてください。

①ほめてから叱る
②ほめ続ける
③叱ってからほめる
④叱り続ける

答えは、③→②→④→①。これは、心理学の古典的実験の結果ですが、部下は、ほめ続けられるより、叱ってからほめられたほうが気分がよく、叱られ続けるより、ほめてから叱られたほうが気分が悪いのです。つまり、部下に厳しい言葉をかけるときは、ほめることもセットにすると素直に聞き入れてくれるということなのです。

「○○君は、もう少し訪問件数を増やしたほうがいいね。既存の取引先からの評価も高いし、クロージングスキルも高いから、数字はもっと伸びるね」

「○○さんの課題は、Aの工程だけだね。ほかの工程は完璧《ぺき》だから、それでほぼミスはなくなるね」

「叱ってからほめる」を意識するだけで、部下の受け入れ方が変わります。素直に行動を改めてくれる確率が高くなります。

「社内口コミ法」で、部下のやる気をグッと上げる

「社内口コミ」で、相手の心に響かせる

人は、直接ほめられるのもうれしいですが、人づてにほめられるのもうれしいものです。

これは、心理学で「ウィンザー効果」と呼ばれる現象で、上司が面談で「○○君は、ほんとに仕事が早いよね」とほめられるよりも、同僚から「○○さんが、おまえのことを仕事が早いとほめてたよ」と言われるほうが、はるかにうれしくさせる効果があります。

そして、ほめた人に対する印象もよくなります。

部下が上司の話を好意的に受け入れる環境をつくるために、このウィンザー効果を活用するのも1つの方法です。

部下ノートで、それまで以上に部下とのコンタクトが増えるようになると、ウィンザー効果を狙ったネタを部下に伝える機会も多くなります。ただし、思ってもいないことは話さないこと。本人と話したときに逆効果になります。

上司も人間ですから、相性の悪い部下はいるものです。合わないと感じる部下もいるでしょう。部下によっては、勝手に「○○さんは自分のことを嫌っている」とか、「信用されていない」とか思っていることもあります。

そういうときにもウィンザー効果は有用です。その**部下と話す前に自分に好印象を持ってもらえていると、実際に話すときの心理的な壁が低くなります。**

上司も部下も、お互いに話しやすくなるということです。

使いすぎは上司の信用を落とすことになるかもしれませんが、社内口コミを効果的に使えば、フィードバックがスムーズになります。

「部下ノート」には、相手を動かす言葉のヒントが詰まっている

伝え方がうまくなれば、部下の成長サイクルが回っていく

ここまで部下ノート効果を倍増させるフィードバックのコツを話してきました。

部下ノートは、部下の行動を記録するだけでなく、その行動に対する上司の行動（アドバイス、指導）と、その結果を記録するものです。

ＰＤＣＡでいうところのＣとＡの部分を円滑に行えます。

部下ノートには、伝えるべきこととどう伝えれば効果的かの素材が隠れています。

計画を立てて実行する人というのは、多いですが、意外と苦手なのがＣとＡです。

フィードバックは、部下の行動に対する上司の行（アドバイス、指導）でもあります。

要するに、**部下ノートは、上司の部下に対するフィードバックがあって、はじめてページが完成するノート**なのです。

その内容が、毎回「部下が失敗した」→「こんなアドバイスをした」→「部下の行動が変わらなかった」「成果につながらなかった」では、ノートをつけるモチベーションは上がらないと思います。

そこを「部下が失敗した」→「こんなアドバイスをした」→「部下の行動が変わった」「成果につながった」に変えるのが、フィードバック。精度が上がれば部下ノートをつける意欲が上がり、さらに部下の行動を細かく丁寧に観察しよう、部下が変わるアドバイスをしようとなります。

その繰り返しがやがて、できない部下を「できる部下」に変えることになるのです。

第4章

「部下ノート」はあなたを成長させる最強のツール

「部下ノート」でワンランク上の仕事ができるようになる

「部下ノート」で成長するのは、実は上司

部下ノートを書き続けることで、上司はできない部下を「できる部下」に変えられます。そして、仕事上の負担を軽減したり、ストレスを減らしたり、自分の評価を高めたり、会社の業績を高めたりすることができます。

なぜ、それが可能なのか。ここまで何度かお話ししてきましたが、上司自身のスキルがアップするためです。

部下ノートで最初に変わるのは、部下ではなく上司なのです。

では、上司のどこが、どんなふうに具体的に変わるのか。この章では、その点にスポットを当てます。

経営学者P・F・ドラッカーは『経営者の条件』のなかで次のように述べています。

「時間の記録をとり、その結果を毎月見ていかなければならない。最低でも年二回ほど三、四週間記録をとる必要がある。記録を見て日々のスケジュールを調整し、組み替えていかなければならない」（『経営者の条件　ドラッカー名著集1』上田 惇生訳、ダイヤモンド社）

その目的ややり方は異なりますが、成果を上げるためには、記録と見直しが大切だというわけです。

記録と見直しを、部下ノートでは簡単に実行できます。

よい管理職、経営者になるためには、部下ノートが最短の道だといえるのではないでしょうか。

部下ノートを書くようになると、人の行動を観察する習慣が身につきます。

部下の動きがよく見えるようになると、仕事を進めていくうえでの新たな課題や問題点に気づけるようになります。その改善策を考え、会社側に提案することで、業務コストの大幅改善につながることがあるかもしれません。

また、視野が広くなったことがアイデアやクリエイティブ力のアップにつながり、新製品の開発を提案できるようになることもあるでしょう。

部下に対して的確なアドバイスを送れるようになると判断力や決断力が磨かれ、業務上で厳しい判断が求められるときに、自信を持って決断を下せるようになります。つまり、部下ノートによって、上司は今までよりも、ワンランク上の仕事ができるようになるということです。

部下ノートを書くだけではなく、その過程で集めた情報を基に、部下と定期的に面談するのは、一見、大切な自分の時間を削るように思えます。

しかし実際は、部下が育つことで上司の負担は減り、ビジネスパーソンとしてスキルもアップしているのです。

観察力がつくことで、仕事の視野が広がる

観察力不足がダメな部下を育てる

部下ノートを書き続けることで、比較的早く身につくのが、先ほども申し上げた観察力です。

部下の気になる行動や言動を書くので、部下のことをよく見よう、部下の話を聞こう、引き出そうという意識が高くなります。

それだけで、これまでは見えていなかったことや知らなかったことに気づける能力が高くなります。

さらに、気になる行動に対するアドバイスや提案を部下に繰り返し実践することで、

部下の細かな特徴や些細な変化にも気づけるくらいの観察力が身につきます。

「○○君に長時間の面談は響かない。伝えることがあれば、端的に。場合によっては、立ち話で伝えたほうが効果的かもしれない」

「□□さんは、厳しい言葉を受け入れない。どういう言葉を使うべきか、もう少し観察したほうがいいだろう」

「△△君には順序立てて丁寧に指示していけば、的確に書類整理ができる」

部下それぞれとどうやって接していくべきかわかるようになるのです。

上司のなかには、「部下には厳しく言い聞かせておけばいいんだ」と、信念のように語る人がいます。

そういうタイプの上司は、すべての部下に同じように厳しく接しています。

その方法で、全員が同じように育つことはありません。

もしかすると、誰も育ってくれないかもしれません。

それで成長する部下がいるとしたら、たまたまその育成方法にマッチする部下だったのか、もともと能力の高い部下だったのか、いずれか。

おそらく後者のほうが多いと思います。

部下ノートを書き始めれば、その方法はすぐに間違いだとわかります。

そして、**部下に個別に対応することの大切さに気づく**ことになります。

ダメな部下を育てるときこそ、私は観察力が何より大切だと思います。

「部下の気持ちがわかる上司」という評価が手に入る

部下の行動をよく見れば性格はわかるようになる

部下ノートでは、目に見える部分を見る「観察力」だけでなく、目に見えないところを見抜く「洞察力」も身につきます。

女子ソフトボール元日本代表監督、北京オリンピックで日本チームを金メダルへ導いた選手たちを、数多く育てた宇津木妙子さんは選手育成で「性格分析ノート」という、「部下ノート」によく似たノートを使っていました。

宇津木さんは、その日の気づきをノートに書いていく「性格分析ノート」について、著書『ソフトボール眼（アイ）』（講談社）でこう書いています。

「この〝性格分析ノート〟を書かせる習慣は10年以上も続き、最初は白いスペースが多かった選手でも、やがてノートに書き込むことが苦でなくなってくる。すると、他の人間に対する洞察力がついていく。（中略）ことに投手陣は、相手のしぐさや癖から、考えていることを見抜けるようになり、試合で相手チームの監督の動作を見て、配球を組み立てるのに大いに役立ったようだ」

部下ノートも性格分析ノートと同じように、**部下をよく見ていると、行動や仕草、表情などから心の動きまで察することができるようになります。**

心の動きがわかるようになれば、部下に効果的に声をかけられるようになります。また、部下が言葉や行動であらわさなくても、何を考え、どう思っているのかが、なんとなく察しがつくようになります。

このスキルは、なにも部下育成だけに活用できる能力ではありません。

取引先や会社の上層部とのコミュニケーションや業務のなかでも活かせる、ビジネスパーソンにとって重要なスキルでもあります。

判断力や決断力が磨かれ、部下へのアドバイスが的確になる

「部下ノート」で失敗を貴重な財産にする

部下ノートを書くことが習慣になると、部下それぞれのモチベーションを引き上げたり、成果につなげたりするための働きかけがうまくなります。

なぜ、部下へのアドバイスが的確になるのか。

それは、部下ノートを続けることで、判断力や決断力が磨かれるからです。

部下ノートを書き続けるということは、部下に対して、どのような提案やアドバイスを与えるのがいいのか、どのタイミングが最適なのかを考え、実践するということです。

そして、その行動は定期的にチェックし、効果がなければまた新たな提案やタイミン

グを考えることになります。**これは、トライ&エラーで判断力や決断力を磨くトレーニングのようなもの。続ければ続けるほど、自然に判断力や決断力が磨かれます。**

コロンビア大学ビジネススクール教授シーナ・アイエンガーさんが約8年前に出版した『選択の科学』（文藝春秋）のなかにも、選択という行為を繰り返すことで精度が高くなることが書かれています。

彼女は、幼少時に先天性網膜色素変性が判明して、高校生になる頃には全盲になっていました。この時点で、彼女は、自分の将来は選択の幅が狭まったと思いました。そこで、大学に進学した彼女は、その狭まった「選択」というものについて研究を始めます。それから20年以上に渡り、「選択」に関する実験・調査・研究を続けることになります。その考察をまとめたのが『選択の科学』です。

彼女は『選択の科学』のなかで、２人の人物を紹介しながら「選択」について語っています。

1人は、15年間世界タイトルを保持していた元チェス・プレイヤーのゲーリー・カスパロフ。彼は8手先を読んで、チェスを指したといわれています。しかし、彼が考えられるすべての指し手を検討し、結論を導き出していたわけではありません。8手先までの指し手のパターンは、無数といえるほどあるからです。

そこで彼が使っていたのは、「経験に基づく直感（Informed Intuition）」でした。

人が何かを選択するときには、2つの方法があるといいます。

1つは、条件を1つひとつ検討して決める「理性による選択」、もう1つは「直感による選択」です。この両面を併せ持つ選択法が「経験に基づく直感」です。

彼女が紹介するもう1人の人物は、ベトナム戦争で指揮をしたポール・バン・ライパー元海兵隊中将です。

イラク戦争の開戦前、アメリカの国防総省ではコンピュータを使ったある演習が行われました。対戦したのは、近代兵器と最新情報システムを持つアメリカ軍とそれに劣る中東の軍隊です。

中東の軍隊を指揮したのが、ライパー。彼は奇想天外な手法でアメリカ軍に勝利を収めていきます。

なぜ、彼が不利な条件の戦いでも勝つことができたのか。それは、彼がベトナム戦争当時、戦場での行動をメモすることを習慣にしていたからでした。

つまり行動を記録し、見直しながら自分の判断の検証を繰り返していたというわけです。

その繰り返しが彼の血肉になり、さまざまな戦況における的確な選択を直感でできるようになったのです。彼もまた「経験に基づく直感」を持っていたといえます。

自分の選択を書き留めて、その結果を評価する。その反復が適切な選択をするスキルを磨く。

シチュエーションはまったく異なりますが、これは、部下の行動に上司がアドバイスを送り、結果を書き留めて、評価する部下ノートと同じです。

「経験に基づく直感」とは、ビジネススキルに言い換えると、究極の判断力や決断力ということなのです。

自分が部下に対して行ったことがどういう結果になったのか、必ずチェックするのは、部下ノートのルール。結果は、よくても、悪くても構いません。

その結果を検証し、蓄積していくことで、判断力や決断力は確実に磨かれていくのです。

人間は忘れやすい生き物です。失敗をして二度と忘れないと思っても、記録をしていないと、頭のなかから出ていってしまいます。

ですから部下ノートでしっかり記録するのです。

あなたの失敗は経験として貴重な財産になるはずです。

部下をほめる力が大幅アップ！部下の能力を最大限に引き出せる

ほめ上手になり、できる部下を量産する

部下ノートを書き始めたばかりの頃は、ノートが部下のできないことや失敗ばかりで埋められるかもしれません。

しかし、そんな状況は、早ければ1週間、遅くとも1カ月、2カ月と書き続ければ変わります。ノートから部下ができないことや欠点がなくなることはありませんが、部下の行動で称賛すべきことも、少しずつ書けるようになります。

つまり、最初は部下を指摘するだけのスペースに、次第にほめる内容も多くなってくるということです。

部下ノートを続けていると、ふだんは見逃してしまいそうな部下のいいところにも目を向けられるようになるからです。

もちろん、そういう場面を目撃したり、聞いたりしたときは、実際に部下をほめるようにしましょう。ほめられて悪い気がする人はいません。**上司にほめられれば、部下はもっと頑張ろうとなるものです。**

さらに、観察力や洞察力が磨かれてくると、部下がどういうときにほめてあげると最大の喜びと感じてくれるのかがわかるようになります。

指導するときもそうですが、ほめるときもタイミングが大事。

効果的にほめることができれば、それが、部下の成長を促すことになります。

部下ノートの究極は、注意することも、ほめることもなくなって、書くことがなくなることです。部下に対して何も言うことがない、という状況です。それは、部下が1人でなんでもできるようになったということ。

簡単ではありませんが、そうなったら、もう部下に手間はとられません。上司は思う存分、自分のことに集中できるようになります。

部下との信頼関係が生まれ、あなたの味方が増える

部下からの信頼度とあなたの指導の効果は正比例する

かしこまった面談の場でも、立ち話でも、**「この人は、私のことを理解してくれている」という部下からの信頼がなければ、上司の言葉に説得力はありません。**説得力がなければ、部下が上司の言葉を素直に受け入れて動くことはありません。どれほど上司が熱く語ったところで、部下には聞き流されてしまうだけです。

どうして口コミは効果があるのかというと、信用している人から聞いた話として広まるからです。

信用できる人から「この店、おいしいよ」と言われるから、素直に信じて長い行列

でも並ぶのです。仮に、知らない人から同じことを言われても、行列ができるところへわざわざ行こうとはしないでしょう。

何かを伝えるときは、そこに信頼関係がなければ、伝えたくても伝わりません。上司と部下においても、信頼関係を築けているかどうかは極めて重要です。

部下ノートは、部下との信頼関係の構築にも効果があります。

上司は、自分が考えている以上に、行動や言動、日々の仕事の進め方など、性格も含めて、そのすべてを部下に見られています。部下に、「この人のことを信頼してもいいのかな？」と、いつも品定めされているというわけです。

部下が「この人に言われても……」と構えるのか、あるいは「この人だったら」と前向きになるのか。

部下が「できる部下」になってくれるかどうかは、部下の前で見せる上司の日頃の振る舞いにもかかっています。

その点、部下ノートをつけるようになると、上司の行動は、部下に好意的に受け止められるようになります。

なんといっても、部下からすると、自分に関心を持ってもらえるようになるのはうれしいことです。そして、気にかけてくれたり、ときにアドバイスをくれたり、結果が出たらほめてくれたり。

人間にとって承認欲求を満たされるのは、その人を信頼する第一歩。部下ノートを始めると、それが自然にできるようになるということです。

実績も社内での知名度も抜群なら、それだけで部下も「この上司は信頼できる。この人の話だったら聞こう」となりますが、普通の上司はそうはいきません。

部下から信頼されるようになるには、信頼に足る行動を部下に見せるしかないのです。

部下に対して汗をかき、部下を理解して、部下を育てていこうという気持ちが本当にあるのかどうか。

それが伝わって、はじめて上司の話に耳を傾けるようになります。

たとえ、それが自分にとって耳の痛い指摘であっても、素直に聞けるようになります。

そういう姿勢や気持ちを伝える意味でも、部下ノートは最適です。

部下ノートを書いているかどうかは部下にはわかりませんが、上司がよく見ていないと気づかないようなことを指摘したり、困っているときにサラッとアドバイスをくれたり、ちょっとしたことでほめたりする上司の姿を見た部下は、どんな思いを抱くでしょうか。

何もしない上司と比べたら、圧倒的に信頼できる人に感じるはずです。

部下との信頼関係とは、そんなところから構築されていくものです。

主体的に動くことが習慣になり、「すぐやる人」になれる

「部下ノート」の習慣が行動力を上げる

部下の行動を管理するために、日本の多くの会社には日報というものがあります。日報は、部下の業務として義務づけされていることも多く、いまだにそれを書くために残業する社員もいると聞きます。

日報も部下ノートも、部下の行動が記録されているものですが、決定的な違いがあります。それは、誰のアウトプットかということです。

日報は部下ですが、部下ノートは上司。部下ノートで汗をかくのは上司なのです。

教育の現場でも、スポーツの世界でも、**自主性を重視する時代になりながら、ビジネスの世界で、強制的に部下に提出させる日報は、時代遅れ。**

しかも、日報は部下から上司への一方通行が多く、日報に対して何らかのアクションを返す上司はまれ。それで、部下の行動を把握できるわけがありません。提出されていることで、把握していると勘違いしているとしたら、それはもう上司の怠慢といっていいでしょう。

その点、部下ノートは、上司が自分から見たり、聞いたり、話したりしなければ書くことはできません。たかが数行の記録でも、毎日記録がなくても、少なくとも上司は部下ノートを書くだけの行動をしていることになります。

この主体的に動くことを忘れがちになるのが上司というポジション。

部下まかせでは部下が育つこともなければ、自分がラクになることもありません。

できない部下を嘆く前に、自分で汗をかいてみる。

部下ノートは、上司自身の行動を変える意味でも大きな役割を果たすツールなのです。しかも、続ければ続けるほど、自然にスキルアップにつながります。

第5章

「部下ノート」をフル活用して、「変化の時代」を生き抜く

今までの社内教育では、部下は育たない

時代が変われば指導方法も変わる

読者の皆さんのなかには20~30代の方もいれば、40~50代の方もいると思います。40~50代、もしかすると30代の上司が、まず理解しなければならないのは、**現代は以前のような育成手法だと部下は育たない環境**だということです。

その環境の変化は、バブル経済崩壊後から始まりました。

環境の変化で大きいのが、終身雇用制、年功序列、濃密な人間関係など、日本経済を支えたシステムが徐々に崩れてきたことです。今でも大企業には残されているところもありますが、残念ながら多くは崩壊しているといってもいいでしょう。

部下を育てるという視点に立つと、以前のほうが育てやすい条件がそろっていたということはできます。

まず、終身雇用制だと、部下がすぐに結果を出さなくても長い目で見守ることができます。

人が大きな成長を遂げるタイミングは成功体験を味わったときではなく、大きな失敗をしたときだといわれます。

終身雇用制なら、部下が失敗を乗り越えて成長するチャンスを与えられますが、今なら、大きなミスは命取り。下手すれば、その時点で見限られる可能性もあります。

年功序列の組織では、社員は自分の将来像を描きやすいことは事実でしょう。上司の姿が、そのまま自分の未来になるからです。

それがわかっているから、厳しいノルマを与えられても、「15年頑張れば、上司のように家族を持てる、生活ができる」と頑張れます。それに、上司をお手本として素直に受け入れられます。

そして上司と部下に濃い人間関係が当たり前の職場は、わずらわしさはあるものの、仕事を学ぶ貴重な時間にもなっていました。

これだけの条件がそろっていれば、部下が育つのは当然です。

しかし、バブル経済が崩壊してからは、早期退職制度の導入やリストラで終身雇用制は崩壊し、年功序列ではなく若手社員の抜擢《ばってき》も目につくようになります。そして転職が当たり前になったことで、「会社の人に、必要以上の気遣いをする必要はない」と人間関係が希薄な職場が増えてきました。

部下を育てるのが難しいのが、今の時代です。

だから上司は、**これまでとは違った育て方を身につけなければ、いつまでも「できない部下」を抱え続けることになる**のです。

働き方が変わることで指導方法も変わる

多様化する部下に合わせた指導

今の時代はパワハラ、セクハラといったハラスメントに敏感です。部下を育てることにおいても精神論、根性論はまったく通用しない世の中になってきたといえます。上司には、今まで以上に部下の気持ちを丁寧にくみ取りながら指導していくことが求められます。

そこで部下のことを理解したいのですが、これが簡単ではありません。

上司と部下の年齢差が10歳あるだけで、育ってきた社会状況も価値観も大きく異なり、お互いの話にも共感しづらくなります。

さらに環境を難しくしているのが、部下の多様化です。

終身雇用制や年功序列が機能していた時代は、部下といえば自分より若いのが当たり前でした。しかも、新卒で入社してきた正社員ばかり。

さらに業種にもよりますが、1986年の男女雇用機会均等法が施行される前は、部下の多くは男性で、女性は少数派でした。

つまり部下といえば、自分より若い、正社員の男性が多かったということです。個々の性格の違いはもちろんありますが、指導する側としては同じような育て方が可能だったということもできます。

しかし、女性の社会進出が進んだ今は、男性よりも女性のほうが多い部署も多く見られます。雇用形態も多様化し、部下が正社員だけでなく契約社員、派遣社員といった非正規社員の場合も増えてきています。

また、部下が年上ということも日常的になってきています。

これは抜擢人事や降格人事が増えてきたことに加えて、改正高年齢者雇用安定法が施行されたのも大きな理由です。

この法律は、定年を65歳未満にしている企業に、希望者全員に65歳までの雇用を義務づけるものです。

その結果、以前は部長だった人が自分の部下になるということも実際に起こっています。

さらに人件費の問題やグローバル化に伴って、外国人を雇用する企業も増えてきました。現在は中国人、韓国人、台湾人など東アジア出身者が多数を占めていますが、タイ、ベトナムなどの東南アジア、欧米人、インド人を雇用する企業も増えています。

年齢性別だけでなく、言葉も文化も宗教も、さらには価値観も考え方も異なる部下を育てるのが、今の上司。部下1人ひとりに目を向けなければ、とてもそれぞれを理解することはできません。

できる部下は勝手に育つ

「部下ノートなんてなくても、伸びるやつは伸びるじゃないか」

そんなことを、ある経営者に言われたことがありますが、確かに部下ノートがなくても育つ部下はいます。

ただし、その部下は、どこの会社でも、誰が上司でも、伸びるでしょう。そういう人材が、世の中には20％くらいいるのは事実です。そういう部下を持てたら、上司は本当にラクです。

しかし、優秀な人材の多くは条件のいい一部の大手企業や、安定性の高い公的機関に就職してしまいます。そのほかの企業に就職するのは、ほんのわずか。**育てる必要のない、とびきり優秀な人材は、ほとんどの企業に集まらない**ことを肝に命じてほしいと思います。

ちなみに、優秀な人材が自分の部下にいたとしたら、最も効果的な育成法は、難しい仕事を与えることです。教育プログラムを会社が用意しなくても、それだけで部下は育ちます。

部下ノートで育てるのは、2・6・2の「6」

組織論に2・6・2の法則というのがあります。

どういう組織においても、優秀な人2割、普通の人6割、普通以下の人2割の構成になるという考え方です。そして、会社の数字の大部分を上位の2割が担っているといわれます。

ただし、ある会社で上位2割にいる人が、どこに行っても必ず上位2割に入るということではなく、あくまでも、その組織のなかでの位置づけということです。

人材全体にもこの比率は当てはまります。先ほどの優秀な人材というのが、上位の2。

つまり、**自分の部下になるのは、圧倒的に普通の人たち**なのです。

こういう人材を「できる人材」に変えるには、上司のサポートが欠かせません。成長できるかどうかは、部下の責任なのか、上司の責任なのか。その答えは、紛れもなく上司の責任です。特に中小企業に勝手に伸びていく部下はいないと思ってください。できない部下は、そのままにしておくと、いつまでもできない部下のままなのです。

そんな普通の人材を、「できる部下」に変えるために、上司が頭に入れておきたいことが3つあります。

1つはピグマリオン効果。これは上司の期待効果です。「彼はきっと伸びる」「彼女は意外といいよ」と思わなければ、部下は絶対に伸びません。どういう部下であっても、**上司は期待感を持って育てるようにしましょう。**

2つめは、**部下の指導は段階に応じて分ける**こと。

育成途上の部下と仕事ができるようになった部下の教え方は変えなければいけません。

まだ仕事ができない部下に合わせると、できるようになった部下は伸びなくなります。

逆に、できるようになった部下に合わせるとできない部下は困惑するだけ。部下ノートを育成に使うようになると、その使い分けは自然にできるようになります。

最後の1つは、最近、Ｇｏｏｇｌｅが大規模な労働調査を実施した結果、判明した「心理的安全性」です。

これは、チーム力を高めるのに最も重要な要素で、職場で思ったことを発言したり自分をさらけ出しても、職場での人間関係を損なうことはないと思える雰囲気があるかどうかです。

つまり、**「その会社にいてもいいんだ」という安心感を与えること**です。

これも、今の時代の上司にとって、重要な役割といえるでしょう。

できる部下にはコーチング、できない部下にはティーチング

できない人間にも2種類ある

皆さんは、部下がどうしてできないのか考えたことがありますか？
実は、「できない」にも2段階の「できない」があります。

1　そもそもやり方がわからない、だからできない
2　やり方はわかっているけど、いつもできるわけではない

1をクリアして、2をクリアして、いつでもできるようなった人が、いわゆる「できる部下」。当然ながら、1の人、2の人、そして「できる部下」に対する指導方法は

変わってきます。

「できる部下」をさらに伸ばすのが、自主性に任せて育てる「コーチング」という手法です。

コーチングとは、目標を達成するために必要な視点や考え方、スキルなどへの気づきを促し、自発的な行動を支援することです。

自分で考えて行動できる人たちですから、コーチングで視点や新しい気づきを整え、ヒントを与えるだけで、どんどん成長してくれます。

しかし、1と2にいる「できない部下」にはティーチングという手法はどうでしょうか。できない部下に適しているのは、細かく教え込む「ティーチング」です。ティーチングは、自主性をなくしてしまうといわれますが、そもそも「できない」のですから、どれだけ素晴らしいコーチングをしたところで先には進めません。

部下がどうしてできないのかも考えず、ただ「できない部下」と烙印《らくいん》を押すのは、上司の仕事を放棄しているようなもの。できない部下と言う前にティーチングで細かく教えてからでも遅くはありません。

ティーチングで「できる部下」になったら、コーチングでさらに伸ばす。この2つの手法を部下によって使い分けることがとても大事なことなのです。

できない部下には、行動を細分化して教える

それでは、1と2の段階にある部下を、どうしたら「できる部下」に育てることができるか。

ティーチングの仕方を教えます。

第4章の話にも通じるところがあると思います。

そのヒントは、行動分析学にあります。

行動分析学とは、もともと小学校の先生が学ぶ学問のことで、「モンスター・ペアレント」という言葉を生み出した教育者として知られるTOSS（旧・教育技術法則化運動）代表である向山洋一さんが提唱する学問です。

行動分析学とは、できない子どもをどうやって早くできるようにするか。「子ども」を「部下」に言い換えると、そのまま使えることがなんとなくわかりますよね。

行動分析学によると、1をクリアして2の段階になるには、**行動を細分化すること**だそうです。

たとえば、逆上がりは、次の5つのステップで動作が完成します。

①鉄棒を両手で握って立つ
②片足を振り上げる
③もう片方の足を蹴る
④肘を曲げて体を引き上げる
⑤鉄棒に巻きつく

できない子どもには、このステップそのものを知らない子がいます。断片的にしかわかっていない子もいます。途中までできるけれど、後半ができない子もいます。たった1つのステップができなくて逆上がりができない子もいます。

要するに、「逆上がりができない」といっても、その理由は人それぞれなのです。

そして、行動を細分化することで、練習そのものを細分化できるし、苦手なところだけを練習することもできます。


できない子どもに、「もっと練習すればできるようになる」と言ったところで、やり方がわからなければ、一生できないのです。


できない部下が、1の段階をクリアできないのも同じ理由です。

商品を売るとか、製品を完成させるとか、最終地点はもちろんわかっていますが、そこに至るまでがわからないから、いつまでたってもできないのです。

それにミスしたり、失敗しても、どこが本当の原因なのかわからないから、また同じミスや失敗をするのです。


行動を細分化するのは手間がかかると思います。しかし、もし、皆さんの部下が1の段階だとしたら、必要になります。

電車に乗ったことがない人に、「○○駅まで電車で来てくれないか」と言ってもたどり着けないのと同じです。

できるようになると簡単なことでも、そこに至るまでには、どうしてもひと手間かかるものです。ここで手抜きしないことが、あとから自分をラクにしてくれます。

1から2に到達するには行動を細分化し、丁寧に教えることです。

2から「いつでもできる」部下にするには、習慣として身につけさせることです。やり方はわかっているのですから、ときどきしかやらないのは、やる気がないだけ。

ここで上司にできることは、**できたときにほめること、そしてできたことを認めてあげること**です。人間はほめられたり、承認されたりするとうれしくなって、もう一度という気持ちになります。

2まで到達すれば、「できる部下」にするまでもう少し。ここで部下ノートを使って磨かれる観察力や洞察力が役に立ちます。最適なタイミングを見計らって、部下に声をかけたり、ほめたりしましょう。

成長中の部下を「できる部下」に導く「行動改善コーチング」

中間層の指導が会社を大きく変える

先ほど、会社に2割いるというできる部下にはコーチング、2割いるというできない部下にはティーチングという話をしましたが、では残りの6割の部下にはどうすればいいでしょう。

うまく育てば、上の2割のできる部下の層に行くけれど、うまく育たなければ2割のできない部下ゾーンに行ってしまう、成長中の社員たちです。

最も会社にいる層ということもあり、この部下がどう育っていくかは、会社の未来にとって、とても重要なことであるのは、間違いありません。

この層の**部下の指導にぴったりなのが、部下ノートを使った「行動改善コーチング」**。

この層に必要なのは、自分で考えた方法で、成果を上げること、成長の実感を得ることです。それを積み重ねることが「こうすればできるのではないか」という考える癖と「これを試していこう」という意欲を育むことになり、自立自走できる「できる部下」へと変身していくのです。

しかし、１人で考え、成果を上げることはかなりハードルが高い。そこで、上司が**「1on1ミーティング」を、２〜３カ月おきに定期的に開催し、そのサポートをしていくのが「行動改善コーチング」**です。

ミーティングでは、次のような３つの要素を部下と上司２人で決めていきます。

１．成果目標

２〜３カ月の成果目標を立てます。

成果を決めるときのキーワードが次の、ＧＳＢです。

Ｇ（ジャイアント）……本人の実力の２〜３倍の目標

Ｓ（ストレッチ）………本人の実力の20〜30％増

Ｂ（ベビー）……………本人の実力の１〜２％増

これは、その人の性格や職種によって変えていきます。

Gの目標を立てる部下は、今伸び盛りで、仕事の意欲が高い人です。

大体が、Sでよいと思います。

意欲があるなと思っている部下でも、Gの目標を立てたときに、少し難色を示すようであれば、Sの目標に変えたほうがよいでしょう。

事務や経理など、成果が形となって見えにくい職種は、Bの目標を立ててあげてください。

2．切り口
その目標を達成するためには、何が必要なのかを考えます。

たとえば、もっと売上を上げるために新規開拓力が必要だといった形です。

3．具体的な行動目標
最後に、切り口から見えてきた、具体的な行動を決定します。

たとえば、既存客に、知り合いを紹介してもらうように、アプローチをとる。

3日に1件のご紹介を目標にする。

といった形です。

このときに大切なのが、あくまでも、2人で考えるということです。

こちらからの押し付けになってしまっては、たとえ成果が上がったとしても、「○○さんの言う通りにやっただけ」という気持ちになってしまい、意味がありません。

自分の経験などから、具体的な選択肢を与えることは大切ですが、必ず、最終的には部下が選ぶようにしましょう。

また、必ずどう行動するかまで見据えた具体的なアドバイスをしてください。

さて、ミーティングが終わり、すべての要素が決まったら終わりではありません。

部下ノートを使って、日々の様子をチェックしてください。

この場合部下ノートでは、行動と結果を特に意識してチェックしてください。

行動も減って、結果も出ていないようだと話になりませんが、行動が増えて、結果があまり出ていないということであれば、行動が部下の負担になっている危険性があります。

行動が増えたのに結果が変わらない場合は、行動が合っていない可能性があるので、気づいた段階でミーティングを設置して、問題点を洗い出し、切り口を含めてもう一度、具体的な行動目標を考え直してください。

そして、予定していた定期的なミーティングのときに、行動の精査を再度、部下と2人で行うのがよいでしょう。

行動が上がり、結果が出たときは、しっかりとほめてあげるのも、忘れないでください。

コーチングだと、部下が考え決定するため、考える力が身につくというメリットがありますが、部下が違う方向を選択しても方向修正がしづらく、結果が出るのに時間がかかるという欠点があります。

結果を出し続けられる優秀な社員であればよいですが、うまくいかず失敗が続いてしまうと、自信が持てなくなり、自分で考えること自体を辞める危険性もあります。

その点、**行動改善コーチングだと考える力はコーチングほど身につかないかもしれませんが、結果に結びつきやすいため、考えて行動をするということに対して、ポジティブに取り組める**ようになります。

数字にあらわれない貢献度を評価する「コンピテンシー」とは

見えない貢献度を見える化する

部下ノートで部下の行動を書き込んでいくことは、ある意味、毎日、部下の行動を評価していることになります。部下を評価する指標には2つあって、1つは数字としてあらわれる貢献度、もう1つは数字にあらわれない貢献度です。

営業職のように貢献度が数字としてはっきり出てくる職種ならわかりやすいのですが、会社には数字としてあらわれないところで貢献する職種がいくつもあります。

会社の業績が上がったときに、頑張ったのは営業職の人たちだけですかといわれたら、そうではないはずです。その営業が数字をつくるためにサポートした人たちが必ずいます。

そういう数字にあらわれない貢献度を評価することによって、部下のモチベーションは上がり、できない部下を「できる部下」に育てることになります。

見えない貢献度を可視化する。

これはスポーツにたとえるとわかりやすいかもしれません。

たとえば、ヨーロッパの主要リーグで活躍するプロサッカー選手の移籍金を決めるとき、何が評価基準になると思いますか？

フォワードやミッドフィルダーといった攻撃陣ならゴール数、パス成功率、ディフェンダーやゴールキーパーといった守備陣は失点数などを思い浮かべるのではないでしょうか。

しかし実際は、90分間の目の動き、ボールタッチ数、走行距離など役割に応じた細部に渡るパフォーマンスも評価の基準になります。

そのデータを蓄積するために、セリエA、プレミアリーグ、リーガ・エスパニョーラといったトップレベルのクラブでは、億単位の年俸をもらっている選手に対しては、マンツーマンでその選手の動きを追うカメラがあるといわれています。

日本のプロ野球はどうでしょうか?

シーズンオフになると、スポーツニュースで年俸アップやダウンの報道が数多く流れてきますが、その年俸の基準は、各球団で設定されている査定表になります。

選手を評価するのは、成績欄に並んでいる打者なら本塁打数、打率、打点、投手なら勝利数や防御率、セーブ数などの数字だけではありません。

一塁にいる走者を一塁手の前にボールを転がして二塁に進めた打者も、マウンドに上がらなかったけれどもブルペンで肩をつくって待っていた投手も、しっかり評価されます。成績表には前者は一塁ゴロ、後者は登板0ですが、年俸査定に反映されるということです。

スポーツ界では数字にあらわれない貢献度も評価されるのですから、ビジネスでも評価されて当然です。

そうした**見えない貢献度を可視化するのが、「コンピテンシー」**というものです。

自分がどうなりたいかを明確にし、成長を早める

コンピテンシーとは、仕事ができる人の行動特性

コンピテンシー。

はじめて聞く人もいるかもしれません。**コンピテンシーとは、ビジネスシーンにおける仕事ができる人の行動特性**のことです。

たとえば、社内にいる有能なスーパービジネスパーソンの一挙手一投足を観察すると、自分とは違う行動をしていることがわかります。彼の行動を徹底的に真似《まね》て、自分も同じ行動ができるようになれば、彼と同じ結果を出せるようになります。

もちろん簡単ではありませんが、真似ることは自分であれこれ考えるより、できるビジネスパーソンになる近道です。

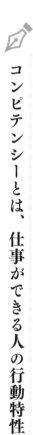

しかし、残念ながら、そんな自分の目標となるビジネスパーソンがどこの会社にもいるわけではありません。どこの会社にいても、たとえ小さな会社にいても、行動目標として使えるものができないかということで生まれたのがコンピテンシーです。

コンピテンシーという言葉に耳慣れない人には、難しい言葉に聞こえるかもしれませんが、要は、できるビジネスパーソンの行動を分解したもの。そのすべてをできるようになれば、誰でも「できる」ビジネスパーソンになれるというわけです。

コンピテンシーで行動目標が明確になる、評価がわかりやすくなる

コンピテンシーは、野球の査定表の内野手、外野手、投手の査定項目がそれぞれ異なるように、職種や職位によって項目が変わります。たとえば、ビジネスパーソンとしての行動特性は共通でも、営業職と管理部門の行動特性は異なります。また、一般職員とマネジメント職の人でも異なります。こうした職種、職位による差異を考慮したコンピテンシーは社員の育成や、人事評価で大きな力を発揮します。

コンピテンシーを活用すると、数値だけでなく、行動の変化を評価することができるようになります。つまり、数字ではわからない貢献度を可視化できるということです。なぜなら、行動目標を具体的に設定できるからです。

しかも、上司からすると、その目標に根拠があり、部下からすると腹落ちする理由になります。ここが、部下の行動を変えるときには、すごく大事なことです。

「朝、15分早く出社するようにしよう」と言っても、根拠がなければ上司の言葉に説得力がないし、部下としても納得がいきません。しかし、根拠があれば部下は納得して行動を変えようとします。

先ほどのプロ野球の例で言えば、自分がアウトになっても走者を進塁させれば得点の確率は高くなるから、その行動は評価に値するということです。

数値ではわからない成果につながる行動の変化を評価することは、部下のやる気を促します。「何をやっても評価は変わらないから」と、上司の言葉をネガティブにとらえることは一切なくなります。

正しく部下を評価するためのたった1つの方法

評価の直近化傾向を「部下ノート」がカバーする

部下ノートが、部下の毎日の行動を評価しているようなものと話しましたが、部下の行動を毎日こまめに観察することは、部下を正しく評価するうえでも大きな意味があります。

それは、評価のときに危惧される2つの要素を回避してくれるからです。

1つは、ハロー効果。

ハロー効果とは、1つの悪い事象に引きずられて、すべてが悪いイメージになってしまうことです。たとえば、評価を下す時期のほんの少し前に、部下が大きなミスをしたとします。すると、そのイメージに引っ張られて、それまでの貢献が忘れられることがあります。

これは評価においてフェアとはいえません。**部下ノートをつけていれば、それ以前のことも記録があるので、悪いイメージに引きずられることはなくなります。**

もう1つは、直近化傾向。

たとえば評価の基準期間が4月〜6月だったとしても、人間の記憶は、4月前半より6月後半のほうが鮮明なため、どうしても基準期間の後半のイメージで評価を下しがちなところがあります。

評価期間が半年に1回だとしたら、それこそ半年前の記憶など怪しげなものです。半年前と直近1カ月を同等レベルで見るのは難しいでしょう。

この直近化傾向に関しても、**部下ノートを継続していれば、半年前も直近も平等に評価することが可能になります。**

目に見えない貢献度を評価する、コンピテンシーを運用する場合、部下ノートは大きな役割を果たすことにもなるのです。

「部下ノート」で部下が自分で目標をつくれるようになる

部下ノートは、部下の目標を設定するときにも活用できます。

部下を評価するには、目標設定が必要です。目標という可視化した到達点があるからこそ、どの程度近づけたのか、到達できたのかという評価を下すことができます。コンピテンシーを評価に活用するのは、数字としてあらわれない貢献度を可視化するためで、コンピテンシーがあることで、はじめて行動目標を具体的に設定することができるようになります。

目標設定は上司と部下で話し合いながら決めることです。

いまだに会社側から上司を通して目標を決められる会社もありますが、与えられた目標では部下にやらされ感が充満し、達成意欲がそがれてしまいます。それに、与えられた目標だと、部下が目標を達成するイメージをつくるのが難しくなります。

部下ノートが目標設定においておおいに活用できるのは、上司側に部下の行動の情報があるため、部下に適した目標を提案できるからです。仮に、部下からたやすく達成できるような目標の申し出があったとしても、具体的な行動記録を裏付けに、部下の成長につながる目標に上方修正することができます。

目標を設定するうえで、最も大切なことは、最終的な目標は部下が自分で決めるということです。上司が、「もう少し高くしたほうがいい」とか、「それは高すぎるから今回はこれくらいで」とか、アドバイスしたとしても、最後に首をタテに振るのは部下です。**目標に向けて動き出すうえで、この自己決定感はすごく大事。そこに、やらされ感は、まったくありません。**

部下が求めているのは正当な評価

部下が目標にむけて頑張る理由は、自分で決めたことを達成したいという思いは当然ですが、達成することによって評価が上がり、それが自分の報酬アップにつながるからです。

しかも、その報酬は納得できるものだからです。

「今期は頑張ったから○○円アップ」

部下としてはうれしい話ですが、単に「頑張ったから」と言われても納得できるものではありません。特に数字で貢献度があらわれない部門なら、なおさらです。どうしてこれだけアップしたのか、それなら来期は何をすれば、さらにアップするのか。

部下が求めているのは、たくさん報酬をもらえることではなく、正当な評価なのです。正当なら、多くても少なくても納得するし、次の目標を明確に自分のなかでイメージできるようになります。

部下ノートを使えば、上司が部下のことを細かく見ることができるようになって、部下が正しい目標を設定できるようになり、その目標に向けた活動を上司が細かくサポートすることで、部下を正しく評価できます。

そして、その評価を報酬に反映できれば、部下のやる気は高まるはずです。

「部下を育てる能力」がないと会社では生き残れない

企業にどうして管理職が必要なのか?

なぜ、管理職が企業には必要で、なぜ直接部門で貢献してきた人材を管理職にするのか。それは、その人材がつくってきた数字と同等の数字をつくれる部下を育てれば育てるほど、会社の業績は上がるからです。

たとえば、1億円の利益を出してきたAさんを管理職に登用し、10人の部下を持たせたとします。Aさんが管理職専任になったら、1億円の利益はなくなります。

そうすると利益が落ちるイメージになりますが、実際は落ちません。なぜ売上が落ちないかというと、10人の部下がAさんの10%の成果を出せば、1億円の利益をキープできるからです。全員が20%の成果を出せば、利益は2億円になります。

これが企業に管理職が必要な理由です。そして**管理職の最大の責務は、1人でも多くの「できる部下」をつくること。**成果を出せる「できる部下」を、やがて自分のポジションを任せられる人材に育てることです。

それが、会社を永続的に発展させることにつながるし、自分がさらに上のポジションにいくための条件になります。

部下を持つ立場の人は、それだけで公人です。

その自覚がある人がどれほどいるかわかりませんが、上司には、部下が１人だったとしても、その人の人生を左右する責任があるからです。

部下の幸せ、成長を願う。それが上司自身の人生の糧になり、幸せにつながることがわかるようになるのが理想です。

そのためにも、部下ノートを使って、できない部下を「できる部下」に育てることです。書き続けることで部下は育ち、自分のビジネスパーソンとしてのスキルも確実にアップします。

おわりに

「部下ノート」を人事評価制度に

私が部下ノートと最初に出合ったのは、２００４年、プリモジャパンの副社長に就任した際に、どん底だった会社を再生させるためにどうしたらいいか、この本の共著者である望月禎彦先生に相談したときのことでした。

そのときはまだ「部下ノート」という名前もありませんでしたが、部下の行動を可視化し、適切なフィードバックを行うという、まさに部下ノートのメソッドを実践することで数十人しかいなかった会社を社員数が５００人を超えるまでに成長させることに成功したのです。

その後私は人事評価制度のクラウドサービスを提供する「株式会社あしたのチーム」という会社を設立しました。

社員の価値を正しく評価し、正当な給与を支払うための人事評価制度を通して、多くの職場の上司と部下が、どちらも幸福になれることを願って日々活動しています。

あしたのチームの人事評価制度は、本文中でもご紹介した「コンピテンシー」を組み込み、結果だけでなく行動も含めて評価する独自のスタイルで、１５００社を超える会社で成果を挙げています。

あしたのチームのコンピテンシーは75項目に分類されていて、そのなかから自社に合ったものを選べるので、どんな業種・業界の方にも、お役に立てるように設計されています。

コンピテンシーをもとに、部下の目標を設定する際に、部下ノートは強い味方になります。目標は具体的、かつ効果的なものでなくては意味がありません。そのためには、普段から部下の状況を把握しておく必要があります。

部下ノートに記載された部下の行動のディテールをもとに、目標設定をすれば、より的確に部下を成長させることができます。

おそらく、この本を読まれている方の多くの会社には、まだ正当な評価を下せる人事評価制度が導入されていないことと思います。そうした方でも、まずは部下ノートを試していただければ、それがない状態に比べると、部下の成長がまったく異なることに驚かれることと思います。

それに加えて、具体的な目標設定と報酬連動を組み合わせた人事評価制度があれば、より部下の成長が促進され、業績アップに結びつけられることは、お約束いたします。

最後までお読みいただき、ありがとうございました。

株式会社あしたのチーム顧問（会長兼ファウンダー）　髙橋恭介

付　録

部下が成長し
あなたの人生をラクにする
『部下ノート』

部下がぐんぐん育つ部下ノートの使い方

使い方は簡単。今日からすぐに始められます。

① 部下の行動を観察する

▼

②（部下ノート）部下の気になったところを書き込む

▼

③ 部下の気になるところの改善方法を考える

▼

④ 部下に指導する、アドバイスする

▼

⑤（部下ノート）指導した内容をノートに書き込む

▼

⑥ 部下の行動を観察する

▼

⑦（部下ノート）1週間後、部下の行動が
変わったかどうか○△×で評価する

※△のときは経過観察、×のときは違う指導方法を考える

▼

⑧ 部下の行動を観察する

▼

⑨（部下ノート）3週間後、部下の変化が結果に
つながったか○△×で評価する

※△のときは経過観察、×のときは違う指導方法を考える

▼

⑩（部下ノート）部下の行動、自分の行動を振り
返って、今後の指導について思うことを書き込む

部下の気になった行動を書く②

（**書き込み例** 改善が必要な点）
「最後の工程で失敗するのは
これで３度目だ」
「１日の訪問件数が少ないのが
気になる」
「電話の声が聞きとりづらい」

（**書き込み例** 称賛すべき点）
「お客さまに時間をかけて
説明をしていた」
「資料が読みやすく整理されている」
※賞賛すべきことに気づいたときは、タイミングを見てほめる。部下ノートのほかのスペースの書き込みは不要

ノートに書き込んだ
日付を入れる

部下の誰の行動
なのかわかるように、
名前やイニシャルを書く

部下の指導の結果をチェックする⑦

部下の行動が変わったかどうかは１週間後を目安に、その行動変化が成果につながったかどうかは３週間後を目安に、〇△×の３段階で評価する。

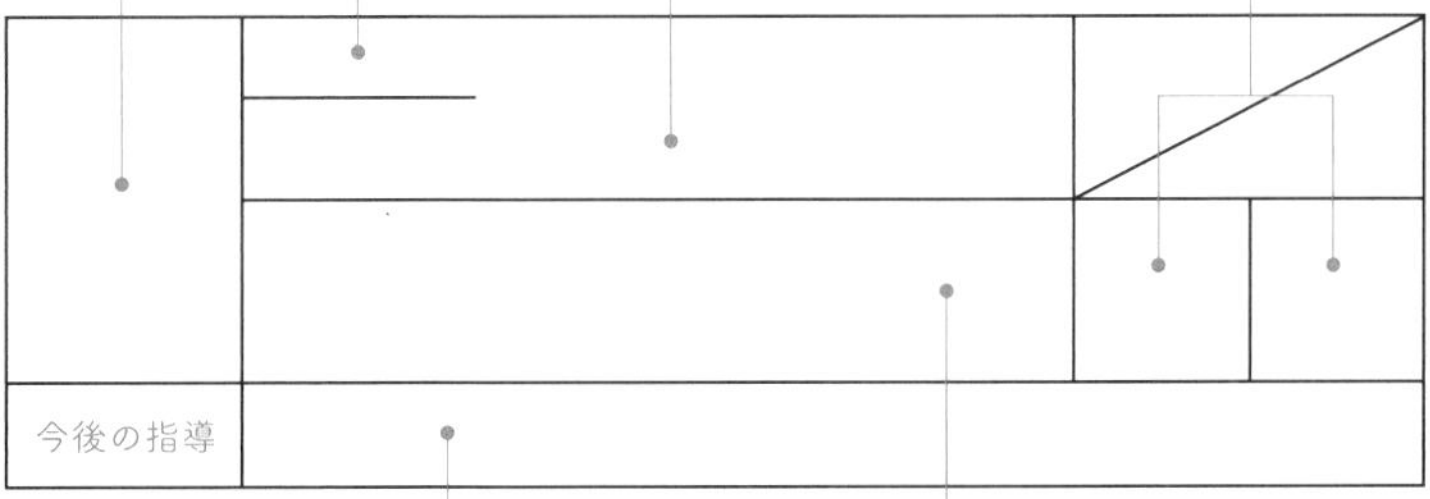

今後の指導について思うことを書く⑩

（**書き込み例**）
「時間を守れるようになったから、
次は内容の精度を上げるようにしよう」
「営業リストは1.5倍では足りなかったか。
やはり倍にしなければ」
「あとは声が少し大きくなると完璧だな」

部下に指導した内容を書く⑤

（**書き込み例**）
「作業マニュアルを見えるところに置いたらどうだ」
「営業リストの1.5倍にしてみようか」
「電話のときはゆっくり話すように意識したほうがいいよ」

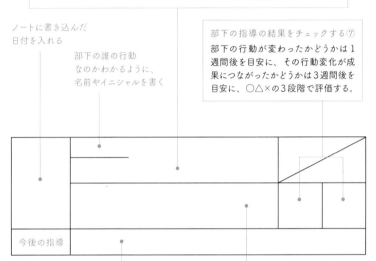

部下ノートは誰かに見せるものではありません。自分が読めればいいのです。それに、短時間で書ける短文のほうが、書くことが負担になりません。

また、部下ノートに書く文章に、美しさや正しさは不要。アイコンつけたり、文字色を変えたりするのも、ノートは楽しくなるかもしれませんが、時間の無駄。

部下ノートは、シンプルなのが一番です。

コツ⑤　自分が読めればいい

自分さえ読めれば十分なのが、部下ノート。

もし、ノートを誰かに見せなければならないものだとしたら、書き始めるまでに時間がかかることもあるはずです。また殴り書きをするわけにもいかないので、丁寧な文章をつくろうとして、書き終わるまでに時間かかります。

そうなると気持ちを整える必要も出てくるので、部下ノートを書き続けることはかなり困難な作業になります。

コツ⑥　会議や行事だけの記入はNG

効果がなければ、部下ノートを継続することはできません。ダメな書き方の代表的な例は、スケジュール帳のような書き方です。


「○月○日、部下との面談」

「○月○日、販売促進会議」


これは、その日の行事を列記しただけ。これでは部下がどうしたのか、自分が何をしたのか、それに部下がどう反応したのかがまったくわかりません。何を書いてもいいのが部下ノートですが、社内の行事やイベントだけを記入するのはNGです。

最初は部下の悪口でOK!

日記やメモの習慣のない人は、「ノートに書く」という行為だけで苦痛です。最初の1週間くらいは、「また、同じミス。もうかんべんしてくれ」「あいつのトラブルのおかげで今日も取引先に謝りに行った」など、仕事中のことなら部下の悪口でOK。まずは、そこから始めましょう。

部下ノートを習慣にするための６つのコツ

コツ①　１，２行で十分。書きすぎないこと

部下ノートは手短にまとめるのが、継続のコツ。１人の部下に対して、１，２行で十分です。

・続けられない書き方

「○○君、○時○分に出勤。顔色が悪い。どうしたのだろうと思っていたら、〝おはようございます〟と小声であいさつをしてきた。昨日、残業したのだろうか。気になる」

・続けられる書き方

「○○君、朝のあいさつの声が小さい」

コツ②　部下全員のことを書かなくてもいい

部下ノートに全員のことを書くというルールはありません。ノートに書くのは、気になった部下のことだけ。１週間に一度も登場しない部下もいれば、何度も登場する部下がいても OK。

「全員のことを書かなきゃ」と、自分に義務感を与えないようにしましょう。やらされ感が生まれて挫折することになります。

コツ③　毎日書く必要なし

部下ノートは毎日書かなくても構いません。部下の気になることがなければ、その日は無記入で OK。「毎日、最低でも何文字は書こう」などと、継続の妨げになるようなことは決めないようにしましょう。

「毎日書かなければいけない」となると、まさに義務。書くことが面倒くさくなって続けられなくなります。「今日は書くことないな」と思ったら、部下ノートを閉じてください。

コツ④　文章に凝らない

文章をきれいに書こうとすると、納得いかないと書き直したり、書き始めるまでに時間がかかったりします。

日付	記入欄	行動	結果
今後の指導			
今後の指導			
今後の指導			
今後の指導			
今後の指導			

さあ部下ノートをはじめよう!!

日付	記入欄	行動	結果
今後の指導			
今後の指導			
今後の指導			
今後の指導			

日付	記入欄	行動	結果
今後の指導			
今後の指導			
今後の指導			
今後の指導			
今後の指導			

日付	記入欄	行動	結果
今後の指導			
今後の指導			
今後の指導			
今後の指導			
今後の指導			

日付	記入欄	行動	結果
今後の指導			
今後の指導			
今後の指導			
今後の指導			
今後の指導			

日付	記入欄	行動	結果
今後の指導			
今後の指導			
今後の指導			
今後の指導			
今後の指導			

日付	記入欄	行動	結果
今後の指導			
今後の指導			
今後の指導			
今後の指導			
今後の指導			

付録の部下ノートを書き終えたら

1 付録のフォーマットをコピーして継続する

2 付録のフォーマットをそのままワードやエクセルなどで作成して継続する作成して継続する

3 白紙のノートに付録のフォーマットを再現して継続する

※自作のフォーマットを作成する場合の注意点

①書き込む項目は追加しない

やることが増えると、継続の障害になることがあります。
ここまで書き続けてきたわけですから、これ以上の項目は
必要ありません。

②書き込むスペースを広げない

人間とは不思議なもので、スペースが広くなると埋めようという
心理が働きます。部下ノートに記録する内容は1、2行で十分。
それ以上のスペースは必要ありません。

③書き込む部分がフォーマットそのままなら、
デザインしてもOK

ノートの地に色を付けたり、フォーマットの周囲をデザインしたり
するのは構いません。それで部下ノートを書くモチベーションが
上がるならOKです。

12週間、約3カ月継続できれば習慣になる

部下ノートは12週間、約3カ月を目安に続けるようにしましょう。
それだけの時間をかけると、部下も自分も変わることを実感できます。
そして、そのときはすでに部下ノートが習慣になっています。

1万人の部下をぐんぐん成長させたすごいノート術

部下ノート

発行日　2021年　3 月　1 日　第 1 刷
発行日　2021年　3 月 10 日　第 2 刷

著者　　望月禎彦、髙橋恭介

本書プロジェクトチーム
編集統括　柿内尚文
編集担当　池田剛、中村悟志
編集協力　洗川俊一、洗川広二
制作協力　上坂元、沓音
デザイン　大場君人
写真　森モーリー鷹博
イラスト　石玉サコ
DTP　株式会社ユニオンワークス
校正　中山祐子

営業統括　丸山敏生
営業推進　増尾友裕、藤野茉友、綱脇愛、大原桂子、桐山敦子、矢部愛、寺内未来子
販売促進　池田孝一郎、石井耕平、熊切絵理、菊山清佳、吉村寿美子、矢橋寛子、遠藤真知子、森田真紀、大村かおり、高垣真美、高垣知子
プロモーション　山田美恵、林屋成一郎
講演・マネジメント事業　斎藤和佳、志水公美

編集　小林英史、舘瑞恵、栗田亘、村上芳子、大住兼正、菊地貴広
メディア開発　中山景、長野太介、多湖元毅
管理部　八木宏之、早坂裕子、生越こずえ、名児耶美咲、金井昭彦
マネジメント　坂下毅
発行人　高橋克佳

発行所　株式会社アスコム

〒105-0003
東京都港区西新橋2-23-1　3東洋海事ビル
編集部　TEL：03-5425-6627
営業部　TEL：03-5425-6626　FAX：03-5425-6770

印刷・製本　株式会社光邦

Printed in Japan ISBN 978-4-7762-1120-4

本書は、2018年10月に弊社より刊行された『簡単なのに驚きの効果　「部下ノート」がすべてを解決する』を改題し、加筆修正したものです。